〔 中国自信理论思考丛书 〕

制 度 自 信

历 史 与 现 实 的 理 性 形 塑

周 骏 黄晓波 ◎ 著

GUANGXI NORMAL UNIVERSITY PRESS

广西师范大学出版社

·桂林·

图书在版编目（CIP）数据

制度自信：历史与现实的理性形塑 / 周骏，黄晓波
著 . 一桂林：广西师范大学出版社，2019.4
（中国自信理论思考丛书）
ISBN 978-7-5598-1614-6

Ⅰ . ①制… Ⅱ . ①周… ②黄… Ⅲ . ①中国特色社会
主义－社会主义制度－研究 Ⅳ . ①D621

中国版本图书馆 CIP 数据核字（2019）第 032181 号

广西师范大学出版社出版发行

（广西桂林市五里店路 9 号　邮政编码：541004）
网址：http://www.bbtpress.com
出版人：张艺兵
全国新华书店经销
广西广大印务有限责任公司印刷
（桂林市临桂区秧塘工业园西城大道北侧广西师范大学出版社集团
有限公司创意产业园内　邮政编码：541199）
开本：880 mm × 1 240 mm　1/32
印张：6.75　　字数：172 千字
2019 年 4 月第 1 版　　2019 年 4 月第 1 次印刷
定价：35.00 元

如发现印装质量问题，影响阅读，请与出版社发行部门联系调换。

总序 ZONG XU

"四个自信"：中国特色社会主义的创新发展

天津大学马克思主义学院院长、国防大学马克思主义研究所原所长　颜晓峰

　　中国特色社会主义是改革开放以来党的全部理论和实践的主题。中国特色社会主义的基本内涵，随着实践的拓展、认识的深化而丰富发展。40年来，中国共产党领导中国人民成功开辟中国特色社会主义道路，形成中国特色社会主义理论体系，创设中国特色社会主义制度，积淀中国特色社会主义文化。党的十九大报告指出："中国特色社会主义道路是实现社会主义现代化、创造人民美好生活的必由之路，中国特色社会主义理论体系是指导党和人民实现中华民族伟大复兴的正确理论，中国特色社会主义制度是当代中国发展进步的根本制度保障，中国特色社会主义文化是激励全党全国各族人民奋勇前进的强大精神力量。全党要更加自觉地增强道路自信、理论自信、制度自信、文化自信。"中国特色社会主义自信涉及中国特色社会主义的经济基础和上层建筑各个方面，是对中国特色社会主义理论和实践全部成果的全方位自信。提出并增强中国特色社会主义道

路自信、理论自信、制度自信、文化自信,使我们党对中国特色社会主义的认识理解,达到了一个新的历史高度和思想深度。增强"四个自信"也对"新时代坚持和发展什么样的中国特色社会主义、怎样坚持和发展中国特色社会主义"这一重大历史课题给予了坚定有力的回答。

一、"四个自信"体现了我党对中国特色社会主义认识的不断深化

"四个自信"是我们党历经艰辛探索得出的最宝贵、最重要的政治结论。改革开放 40 年来,我们党对中国特色社会主义基本内涵的认识不断深化。邓小平同志在党的十二大明确指出:"走自己的道路,建设有中国特色的社会主义",这条道路就是以"一个中心、两个基本点"为内核的党的基本路线。党的十八大总结已有认识和实践成果,进一步概括为中国特色社会主义道路、理论体系、制度,并提出中国特色社会主义道路自信、理论自信、制度自信。

党的十八大以来,以习近平同志为核心的党中央坚持和发展中国特色社会主义,充分发挥文化在实现社会主义现代化和中华民族伟大复兴中强基固本、引领激励的作用,开拓了文化自信的新境界。党的十八届六中全会明确提出"四个坚持",进一步丰富和拓展了中国特色社会主义基本内涵和基本结构。在"七一"重要讲话中,习近平总书记提出坚持中国特色社会主义道路自信、理论自信、制度自信、文化自信,而文化自信是更基础、更广泛、更深厚的自信。在纪念红军长征胜利 80 周年大会上的讲话中,习近平总书记阐述了坚持中国特色社会主义道路、理论、制度、文化的重大意义,强调中国特色社会主义文化是中国人民胜利前行的强大精神力量。在中国文联十大、中国作协九大开幕式上的讲话中,习近平总书记进一步强调,文化自信,是更基本、更深沉、更持久的力量。坚定文化自信,是事关国运兴衰、事关文化安全、事关民族精神独立性的大问题。

基本内涵的丰富,反映了实践和认识的进展。民族复兴、国家富强

是多种因素共同作用的结果。其中,道路决定国家、民族的前途命运,理论是国家、民族发展的行动指南,制度是国家、民族发展的重要保障,文化是国家、民族发展的精神力量。民族复兴离不开文化的繁荣昌盛,国家文化软实力是实现社会主义现代化的重要力量。发展中国特色社会主义文化、建设社会主义精神文明,始终是我们党的不懈追求。在5000多年文明发展中孕育的中华优秀传统文化,在党和人民伟大斗争中孕育的革命文化和社会主义先进文化,积淀着中华民族最深层的精神追求,代表着中华民族独特的精神标识,是实现"两个一百年"奋斗目标、实现中华民族伟大复兴中国梦的不竭精神动力。当前,面对诸多矛盾叠加、风险隐患增多的复杂局面,面对意识形态领域的严峻斗争、多种价值观念的对立冲突,我们要大力弘扬社会主义核心价值观,弘扬以爱国主义为核心的民族精神和以改革创新为核心的时代精神,以坚定的文化自信统一意志、凝聚力量、迎接挑战,不断增强全党全国各族人民的精神力量。

基本结构的拓展,强化了中国特色社会主义的基础。自信往往建立在对事物必然性和现实性的深刻理解之上。中国特色社会主义道路从历史深处走来,又扎根中国大地,具有广泛的现实基础。中国特色社会主义理论体系是党和人民90多年奋斗、创造、积累的根本成就之一,是立于时代前沿、与时俱进的科学理论。中国特色社会主义制度是具有广泛实践性的伟大创造,集中体现了中国特色社会主义的特点和优势。改革开放40年来,道路的不断开创、理论的不断发展、制度的不断创新,特别是文化的不断进步,都彰显了中国特色社会主义的优越性。中国特色社会主义是实践、理论、制度、文化紧密结合的,既把成功的实践上升为理论,又以正确的理论指导新的实践,还把实践中已见成效的方针政策及时上升为党和国家的制度,还要从文化中汲取理论、实践和制度发展的强大精神力量。文化不仅内在于道路、理论、制度之中,而且具有独立存在的价值。文化是民族生存和发展的重要力量,人类社会的每一次跃进,人类文明的每一次升华,无不伴随着文化的历史性进步。正是基于对文化的本源性、基础性作用的深刻认识,我们党把中国特色社会主义的内容进一步拓展,从而使文化的重要功能更加凸显,与道路、理论、制度一道,共同扛起中国特色社会主义宏伟大厦。

二、"四个自信"夯实了中国特色社会主义基础

坚定"四个自信"是党中央在新时代进行理论创新和实践创新的重大成果,是新形势下全面推进中国特色社会主义伟大事业的根本保证。

中国特色社会主义道路、理论、制度、文化,是中国特色社会主义的四根支柱。道路关乎党的命脉,关乎国家前途、民族命运。中国特色社会主义道路,以经济建设为中心,坚持四项基本原则,坚持改革开放,是发展中国、稳定中国,通往复兴梦想的康庄大道,实现社会主义现代化的必由之路。理论体系揭示"三大规律",反映实践要求,推进理论创新。中国特色社会主义理论体系,为国家富强、民族振兴、人民幸福提供科学指导和行动指南,是当代中国的马克思主义。制度具有根本性、全局性、稳定性和长期性,是国家兴旺发达、长治久安的政治基础。中国特色社会主义制度,把根本政治制度、基本政治制度同基本经济制度以及各方面体制机制等具体制度有机结合起来,是实现社会主义现代化和中华民族伟大复兴的根本保障。文化是民族生存和发展的重要力量。中国特色社会主义文化,以中华优秀传统文化为根基,以马克思主义为指导,以社会主义核心价值观为灵魂,以社会主义先进文化为主体内容和本质特征,吸收人类文化的优秀成果,是实现中华民族伟大复兴的强大精神动力。

坚持"四个自信"确定了中国特色社会主义前进方向。《关于新形势下党内政治生活的若干准则》指出,全党必须毫不动摇坚持四项基本原则,根本是坚持党的领导,坚持中国特色社会主义道路、中国特色社会主义理论、中国特色社会主义制度、中国特色社会主义文化,做到头脑清

醒、立场坚定,矢志不移坚持和发展中国特色社会主义。这充分表明,"四个坚持"是坚持党的基本路线的根本要求,是中国特色社会主义始终沿着正确方向前进的根本保证。"四个自信"是对"四个坚持"所包含的中国特色社会主义道路、理论、制度、文化四个方面的执着信念、坚定信心。而"四个坚持"将"一个中心、两个基本点"包含在内,用中国特色社会主义道路、理论、制度、文化丰富党的基本路线内涵。毫无疑问,坚持党的领导,坚持中国特色社会主义道路、理论、制度、文化,就是坚持党的基本路线。增强"四个自信"也就是增强对党的领导、党的基本路线的坚定信心和执着信念。要在道路、理论、制度、文化等根本问题上坚持党的领导,紧紧扭住关系党和国家前途命运的关键问题,加强党的领导。

坚持"四个自信"确立中国特色社会主义基石。"四个自信"的提出、丰富和完善,凝结着改革开放以来党坚持和发展中国特色社会主义的宝贵经验,特别是凝结着党的十八大以来以习近平同志为核心的党中央全面推进中国特色社会主义新发展的思想与实践结晶。科学把握"四个自信"的内在联系和基本要求,全面贯彻习近平新时代中国特色社会主义思想,才能使党和国家事业开创出新局面,中华民族伟大复兴展现出前所未有的光明前景。

三、充分发挥"四个自信"的强大力量

实现中华民族伟大复兴的中国梦,是我们党始终不渝的奋斗目标。我们必须增强"四个自信",充分发挥其强大力量,确保如期实现奋斗目标。

"四个自信"贯穿于实现中国梦的整个过程,为实现这一目标提供了实现途径、行动指南、制度保障、精神动力。坚持中国特色社会主义道路,就要既不走封闭僵化的老路,也不走改旗易帜的邪路,始终不偏离正确方向。只要我们在改革创新中巩固拓展这条道路,中国道路就必将越走越宽广。坚持中国特色社会主义理论,就要运用马克思主义基本原理

创造性地解决前进中的问题，努力提高党进行伟大斗争、建设伟大工程、推进伟大事业的能力水平。坚持中国特色社会主义制度，就要不断推进国家治理体系和治理能力现代化，让制度更加成熟，让发展更有质量，让治理更有水平，让人民更有获得感。坚持中国特色社会主义文化，必须高扬理想旗帜，强化全党全民族的精神追求，增强国家文化软实力，建设社会主义文化强国，以文化复兴助推民族复兴。

"四个自信"有力回答了"新时代坚持和发展什么样的中国特色社会主义、怎样坚持和发展中国特色社会主义"的重大课题。经过长期努力，中国特色社会主义进入了新时代。新时代意味着中国特色社会主义道路、理论、制度、文化的不断发展。一个国家、民族走什么道路，选择什么样的指导思想、社会制度、发展模式和文化样态，并不是由哪一些人、哪一个政治团体依其主观意愿决定的，而是取决于这个国家、这个民族的生产力发展水平、经济基础、阶级阶层构成以及历史文化特征、社会综合背景、内外联系交流等。"四个自信"所包含的重要内容和思想内涵，都是在改革开放的伟大实践中进一步坚定的，充分体现了我们党团结带领全党全国各族人民在改革开放中推进中国特色社会主义的政治智慧和重大创造。正是改革开放以来中国发展所创造的震古烁今的人间奇迹，雄辩地证明了中国特色社会主义道路、理论、制度和文化的正确性、时代性和先进性，让亲身经历的人们完全有理由对此充满自信。新时代，我们的形势更加严峻复杂，承担的任务更加繁重艰巨。"四个自信"蕴含着中国特色社会主义美好未来的宏伟愿景和科学规划。增强"四个自信"，才能在新时代始终坚持和发展中国特色社会主义，保持政治定力、战略定力，使建设中国特色社会主义获得科学依据和前进动力。

共产主义远大理想和中国特色社会主义共同理想，是中国共产党人的精神支柱和政治灵魂。坚定"四个自信"，首先是坚定理想信念。实现共产主义是中国共产党人的最高理想和最终目标，坚持和发展中国特色社会主义是实现共产主义的必经阶段。正是因为坚信人类社会发展规律和趋势,坚信中国特色社会主义是当代中国的正道,我们党才能坚定不移开创中国特色社会主义道路,创立中国特色社会主义理论体系,完善中国特色社会主义制度,发展中国特色社会主义文化,使中国特色社会主义伟大事业日益兴旺发达。要把坚定理想信念作为开展党内政治生活的首要任务,着力解决理想信念上存在的疑难困惑,用理想信念的强大力量坚定"四个自信"。

这套丛书以习近平新时代中国特色社会主义思想为指导,以习近平总书记相关重要讲话为依据,进行理论研究和深入思考,又力求在每本书的章节设置、观点提炼和文字表述方面,反映作者的独立见解,编写出自身的特色,当能为国内对此问题感兴趣的读者提供进一步研究的参考。我们要在历史与当代、理论与实践、中国与世界的层面,把道理讲明白、把事实摆清楚、把错误说透彻,使广大党员群众对"四个自信"始终刻骨铭心,让"四个自信"牢牢引领我们在中国特色社会主义伟大事业征程上阔步前进!

目　录

引　论

————

　　每个民族的历史都像一条长河,时而蜿蜒徐缓流淌,时而激情澎湃奔腾,它们中的一些渐渐消亡在历史的荒漠中,仅留下若隐若现的遗址,另一些剧烈碰撞,共同汇聚成世界历史的磅礴洪流。我们中华民族的历史,是这些河流中独具特色的一支,它的源头遥远而清澈,它的脉络曲折而清晰,但是,世界上却没有哪个民族像我们这样,在汇入世界历史的近现代化进程中付出如此大的努力与牺牲,经历如此风波诡谲的动荡与艰辛。时光流逝,历史中一个个巨涛终于复归平静并嵌入人们的记忆,无论是世界还是中国已然发生了剧烈、深刻而又不可逆转的变迁,但对于这种变迁,相信每一个对历史抱有敬畏感的人都会自问:"我们真的了解她吗?"

　　十一届三中全会启动的改革开放,极大地解放和发展了社会生产力,给中国带来了天翻地覆的变化,但随着改革的不断深化和推进,中国共产党领导下的中国特色社会主义改革进入了"深水区"与"攻坚期"。当一个不甘落后的古老民族又一次来到未来发展道路的十字路口时,必然会自觉而又迫切地提出重估本国历史、现状和未来发展的理论诉求。在十九大报告中,以习近平同志为核心的新一届中央领导集体,在新的时代,明确地提出了这样一个问题:"十

————

1

八大以来，国内外形势变化和我国各项事业发展都给我们提出了一个重大时代课题，这就是必须从理论和实践结合上系统回答新时代坚持和发展什么样的中国特色社会主义、怎样坚持和发展中国特色社会主义。"俄国思想家赫尔岑说过："充分地理解过去，我们可以弄清楚现状；深刻认识过去的意义，我们可以揭示未来的意义；向后看，就是向前进。"习近平总书记说过："我们做的事是前无古人的，我们要学习马列主义，但马列主义经典著作不能给出解决现实问题的现成答案，只能运用它的原理、立场、观点、方法，通过自己的摸索、咀嚼、创新来找出答案。"①因此，对我们走过的道路、坚持的理论、建立的制度、形成的文化进行理性审视，在进行系统、科学、全面的评估后建立一种更加自信的态度，将极有利于我党团结全国各族人民继续奋勇前进。

2012年，党的十八大报告提出："只要我们胸怀理想、坚定信念，不动摇、不懈怠、不折腾，顽强奋斗、艰苦奋斗、不懈奋斗，就一定能在中国共产党成立一百年时全面建成小康社会，就一定能在新中国成立一百年时建成富强、民主、文明、和谐的社会主义现代化国家。全党要坚定这样的道路自信、理论自信、制度自信！"之后，党的新一届领导集体紧握接力棒，在"三个自信"的要求下，发出了"改革再出发"的宣言，这时候，我们比历史上任何一个时期都更接近心中的梦想，中华民族伟大复兴的事业再次来到了历史关节点上。

2016年，习近平同志在庆祝中国共产党成立95周年大会上明确提出：中国共产党人要"坚持不忘初心、继续前进"，就必须坚持"中国特色社会主义道路自信、理论自信、制度自信、文化自信"；并且强调，"文化自信，是更基础、更广泛、更深厚的自信"。习总书记关于"四个自信"的重要论述，开创性地丰富了中国特色社会主义的"自信谱系"，标志着我们党对新时代中国特色社会主义有了更加科

---

① 《习近平总书记重要讲话文章选编》，中央文献出版社2016年版，第339页。

学和明确的建构方向。

　　作为马克思主义的播火者，当代共产党人同百年前那些处于"数千年未有之变局"背景下的仁人志士一样，无法回避"中国向何处去"这一根本命题，更无法回避如何进一步坚持中国特色社会主义的道路、理论、制度和文化。为了把握更远的未来，我们必须更深刻地认识过去。

　　马克思、恩格斯在《德意志意识形态》《资本论》以及《家庭、私有制和国家的起源》等经典著作中，对于西方社会的诞生与发展进行了科学而又深刻的分析，并揭示了西方社会演进的历史规律，但同时，马克思在《给维·依·查苏里奇的复信（初稿）》中又郑重声明："我明确地把这一运动的'历史必然性'限于西欧各国。"

　　因此，如果说历史唯物主义所包含的"真理性"与"必然性"为西欧早期共产主义运动提供了坚实的"自信"基础，那么，中华文明数千年来的发展与变迁是否也契合着历史唯物主义中的某种"历史必然性"呢？如果如马克思本人所指出的，他所揭示的历史规律仅"限于西欧各国"，那么我们如何才能通过马克思主义所提供的、具有普遍性意义的世界观与方法论，来帮助我们全体党员和中华儿女树立新时代中国特色社会主义这一特殊的、具体的发展自信呢？

　　要解答这一问题，需要我们这一代人沿着前人的足迹继续探索。已故的"中国现代化理论之父"罗荣渠先生在这一研究领域取得了突破性的进展。他根据对马克思相关论述的研究提出了"一元多线历史发展观"的理论，认为"人类历史发展归根到底是围绕以生产力发展为核心的经济发展的中轴转动"[①]。因此，唯物的"生产力"是马克思历史发展观中的"一元"部分。但另一方面，罗荣渠又得出"同一性质与水平的生产力可能与几种不同的生产关系相适应"这

---

　　① 罗荣渠：《现代化新论——中国的现代化之路》，华东师范大学出版社2013年版，第58页。

一精辟的结论，即在同一生产力水平之上，可以有数种不同的上层建筑与之相适应。

马克思主义经典作家的论述与罗荣渠先生的概括和发展，最终能够帮助我们建立以下这样几点认识：(1)对应于同一水平的生产力，可以有几种不同的生产关系，更具体地说，可以有几种不同的制度与之相适应。(2)从实践来看，无论是社会主义还是资本主义，不仅都与当前的生产力水平相适应，而且都还存在着很大的空间以容纳生产力的进一步发展。(3)从现阶段的生产力水平出发，社会主义还要在未来很长的历史时期内按照各自的逻辑与道路继续发展，在生产力得到极大发展后探索进入更高社会形态——即共产主义社会的路径。

但是，这样的认识对于广大党员而言，不仅不是问题的答案，反倒构成思考的起点。如果同一生产力水平之上可以建立不同的制度，那么，为什么历史上有些国家会选择封建领主制度，另一些则选择皇权专制制度？当今世界，为什么有些国家会选择社会主义，而另一些却选择了资本主义，或是社会民主主义制度？某些文化决定论、传统决定论者曾经这样比喻："开始，上帝就给了每个民族一只陶杯，从这杯中，人们饮入了他们的生活。"[①]认为是所谓"西方"或"东方"的"文化模式"，甚至是更加神秘的民族"根性"决定了历史的走向，这种结论显然从根本上背离了马克思主义唯物史观，而且在逻辑上也无法回答到底是民族性塑造了历史传统，还是历史传统塑造了民族性这一追问。

这个问题虽然如此复杂，但我们决不能回避，或许正如普列汉诺夫所引用的斯芬克斯寓言一样："请你解开我这个谜，否则，我便吃

---

① ［美］露丝·本尼迪克特：《文化模式》，生活·读书·新知三联书店1988年版，第1页。

掉你的体系。"①中国特色社会主义制度是如何建成的,我们未来为什么要坚持这套制度,如果不能解释清楚这个问题,那么整个"自信"体系的根基便会在质疑声中动摇,因此,恐怕我们必须借用唯物主义这件工具,从历史与传统中去寻找。

20世纪80年代末、90年代初东欧剧变,世界社会主义运动陷入低潮,西方一些学者自信而又颟顸地宣布"历史终结"了。从历史实践来看,苏联模式的失败与社会主义运动的低潮并不可怕,可怕的是西方理论界对于马克思主义基本原理的挑战与批判始终没有得到有力的回应与驳斥,其中尤以哈耶克与波普尔,尤其是后者《历史决定论的贫困》以及《开放社会及其敌人》等书,对马克思的"两大发现"之一——历史唯物主义最具破坏作用。有西方学者甚至说:"我不明白任何具有理性的人如何能在理解了波普尔对马克思的批判之后仍然是一位马克思主义者。"②但如果细读波普尔的著作,我们就能够发现,其实波普尔对于马克思的尊重要远远超过柏拉图与黑格尔,而且他批判的锋芒虽也掠及马克思,但他未必能够厘清"机械决定论""经济决定论"与马克思历史唯物主义之间的区别。因此,我们只有通过对中国政治制度历史演进进程的科学研究,通过挖掘与论证历史发展进程中的内在规律性,在否定"唯经济论"的同时,努力从理论上驳斥历史发展的"不可知论"、证伪"人的主观能动性无法指导政治设计"等错误观点,以求正本清源,从理论上捍卫与复归马克思主义历史唯物主义的真理,并以此为基础构建新时代中国特色社会主义制度自信的根基。

最后,作为唯物论者,共产党人始终坚信经济基础对上层建筑的决定作用,但从马、恩原著中我们却可以发现,马克思所指的经济基

---

① [俄]普列汉诺夫:《论一元论历史观之发展》,生活·读书·新知三联书店1961年版,第87页。

② [英]布赖恩·马吉:《"开放社会之父"——波普尔》,湖南人民出版社1988年版,第111页。

础并不仅仅指生产力，它还包括生活与生产方式，所以从本源上说，马克思更强调的是"生活决定意识"①。因此，要构建和论证制度自信，必须从两个维度予以分析和考察：其一，分析该制度是否与当前的生产力发展水平相适应；其二，分析该制度是否与该社会生产、生活方式相适应。关于第一点，马克思主义经典作家已经做了相当科学、深刻，甚至较为完备的阐释与分析；关于第二点，则需要将马克思主义普遍原理与各具体社会的实际情况联系起来，"具体情况具体分析"。因此，中国特色社会主义制度，作为建基于中国社会现实之上的上层建筑，其构造过程极为复杂，不仅经由近现代以来资产阶级、新民主主义乃至社会主义革命之路，同时受到中国历代政治制度传统之深刻影响，所以要构建新时代中国特色社会主义制度自信，不仅要论证它与当前生产力发展水平的适应问题，还必须在传统与革命两个层面，以唯物史观之视野，从历史必然性与现实合理性中挖掘自信之源。

---

① 《马克思恩格斯选集》(第 1 卷)，人民出版社 1995 年版，第 73 页。

第一章

本质规定性
——新时代中国特色社会主义制度自信的内涵

———

中国特色社会主义制度作为一种上层建筑,一旦确立便具有一定的本质规定性,这种本质规定性不但决定了它必须遵循一般上层建筑的普遍规律,同时也规定了它与其他社会制度的区别。因此,要分析新时代中国特色社会主义制度自信,首先必须掌握制度与制度自信的内涵特征。

一、制度自信

根据《辞海》,"制度"有两种解释:一是指"成员共同遵守的规章或准则",二是指"一定历史条件下的政治、经济、文化等方面的体系"。显而易见,中国特色社会主义制度中的"制度"取用第二种解释。同样,"自信"在《辞海》中的解释是"自己相信自己"。从字面意义分析,自信通常是指个人对于自身能力、特长以及优势的信任感。从一般意义上来解释,自信是对于个体层面来说的;但如果从社会层面来分析,一种特定制度的"构建主体"与"约束主体",通常并不指向或涵盖同一群体,因此从更加严谨和科学的意义来解释,制度自信应该包含两个维度,即制度认同与制度信任。

制度认同,是指社会公众基于对社会制度的承认与肯定,进而产生的一种在情感上的归属感。关于制度认同的影响因子有很多,但一般认为,这种认同主要源于制度的权威性、正当性与合法性。从古到今,各种不同的社会制度,其权威性、正当性与合法性的来源并不相同。例如,按照马克斯·韦伯的社会学分类,只要是人类社会,其制度必然要从三种不同的源泉中抽取认同要素:(1)以"理性"为认同基础的法制性支配;(2)以"传统"为认同基础的传统型支配;(3)以"超凡领袖魅力"为认同基础的卡理斯玛型支配。因此,一种社会制度要想取得较为稳定与广泛的认同,必须从各个不同的源头同时汲取权威性、正当性与合法性,从而建立广阔并且深厚的认同基础。

制度信任相对于制度认同而言,在认识论上属于更高层次的范畴,一般是指社会公众在制度认同的情感基础上,通过制度设计者与维护者的宣传教育和理论灌输,在思考后对社会制度的合理性与优越性产生自觉、充分的认识,并最终形成一种坚定的信念。因此,制度信任建立在制度认同的基础之上,是社会公众对执政集团的执政理念、执政方式的积极认同与自觉支持。

二、中国特色社会主义制度

"中国特色社会主义制度"这一概念,一般认为最早是由胡锦涛同志在中国共产党建党 90 周年的讲话中首次提出,并在党的十八大报告中被具体明确为:"中国特色社会主义制度,就是人民代表大会制度的根本政治制度,中国共产党领导的多党合作和政治协商制度、民族区域自治制度以及基层群众自治制度等基本政治制度,中国特色社会主义法律体系,公有制为主体、多种所有制经济共同发展的基本经济制度,以及建立在这些制度基础上的经济体制、政治体制、文化体制、社会体制等各项具体制度。"从上述阐述中,我们能够把握两个基本方面:首先,中国特色社会主义制度是由一系列制度构成的体系;其次,中国特色社会主义制度具有鲜明的层次性。更具体地说,中国特色社会主义政治制度,可以分为根本政治制度,基本政治、经济制度,以及其他具体制度三个层次。

(一)根本政治制度

人民代表大会制度是中国特色社会主义的根本政治制度,这一制度是保证我国国体——人民民主专政最根本的政体实现形式。我国《宪法》明确规定,全国人民代表大会是我国的最高国家权力机关,由国家和地方广大人民投票选举产生,代表人民利益、表达人民意愿、接受人民监督。

(二)基本政治、经济制度

中国特色社会主义基本政治制度包括:中国共产党领导的多党合作与政治协商制度、民族区域自治制度以及基层群众自治制度;基本经济制度包括:公有制为主体、多种所有制经济共同发展的基本经济制度。

1.中国共产党领导的多党合作与政治协商制度

党的十九大报告指出:"协商民主是实现党的领导的重要方式,是我国社会主义民主政治的特有形式和独特优势。要推动协商民主广泛、多层、制度化发展。"一个国家采取什么样的民主形式,是由这个国家的国体决定的,同时也受到历史传统、文化和社会发展阶段的深刻影响与制约。因此,正如十九大报告所指出的,人民民主专政的国体、社会主义初级阶段的基本国情以及中国社会的历史、文化传承决定，"协商民主是我国社会主义民主政治的特有形式和独特优势，是党的群众路线在政治领域的重要体现"，中国共产党领导的多党合作与政治协商制度，不仅适合于中国特色社会主义政治文明，而且是实现人民民主的重要制度创新。

2.民族区域自治制度

我国是个多民族构成的国家，不少民族有着自己独特的风俗习惯，因此，把国家的集中统一和少数民族的地方自治相统一，不仅符合历史传统，同时也符合中国当前的国情，而民族区域自治制度属于中国特色社会主义制度体系中处理民族关系的伟大创新。民族区域自治制度是指在坚持国家统一的前提下，在各少数民族聚居区可以设立自治机关，由本民族的人民自己管理本民族的事务，自主行使权力，实行民族区域自治。当前，我国已建立了5个自治区（省一级）、30个自治州（市一级）、120个自治县（旗）。2001年人大常务委员会第二十次会议，最新修订并通过了《中华人民共和国民族区域自治法》，从法律上确保了各民族间的平等关系，促进了民族团结、地区稳定。

3.基层群众自治制度

"加快推进社会主义民主政治制度化、规范化、程序化，从各层次各领域扩大公民有序政治参与，实现国家各项工作法治化"，是我们党基层政治建设的方向。因此，从制度上建立并完善基层群众自治制度，可以说是扩大公民有序政治参与，推进国家现代政治文明的重要内容和实现民主政治的基本途径，更是中国特色社会主义政治制度的必然要求。从内容上说，基层群众自治制度包括农村村民自治制度和城市市民自治制度，具体是指人民可以根据法律规定直接参与基层公共事务的管理。

4.基本经济制度

以公有制为主体、多种所有制经济共同发展的基本经济制度,构成了中国特色社会主义基本经济制度的主要内容。"公有制为主体"反映了制度中社会主义这一本质规定性,"多种所有制经济共同发展",既反映了目前生产力发展水平的需要,同时也体现了社会主义初级阶段的根本特征。

(三)其他具体制度

最后,在根本政治制度,基本政治、经济制度基础之上,还存在更多具体的政治、经济、文化、社会制度。例如,在经济领域,基本经济制度决定了与此相联系的收入分配实行按劳分配为主体、多种分配方式并存的分配制度;在社会领域,户籍管理制度、社会保障制度等构成现阶段社会治理制度的基本内容;等等。由于各种具体制度必须随着国情、世情、社情的变化进行调整,因此与中国特色社会主义根本制度、基本制度相比较,各种具体制度在构建与调整时弹性相对较大。

三、新时代中国特色社会主义制度自信

新时代中国特色社会主义制度并不是凭空产生的,也不是某一位历史人物单独设计出来的,而是中国共产党人带领中国人民在伟大、艰苦、曲折的历史实践中探索、塑造而成。因此,按照历史唯物主义的观点看,中国特色社会主义制度自信的构建过程,可以从社会公众关于中国特色社会主义制度历史选择的必然性、现实实践的优越性以及未来趋势的长期性三个层面的认同中阐释其内涵特征。

（一）基于历史选择必然性的认同

历史必然性，是社会制度从传统中汲取合法性的源泉，同时也是构建制度自信的关键环节。正如十九大报告所提出的："中国特色社会主义道路、理论、制度、文化不断发展，拓展了发展中国家走向现代化的途径，给世界上那些既希望加快发展又希望保持自身独立性的国家和民族提供了全新选择，为解决人类问题贡献了中国智慧和中国方案。"报告中所提到的"中国智慧和中国方案"，具体而言，就是指中国共产党领导中国人民在革命建设改革历程中所取得的辉煌成就。习总书记指出，建党九十多年来，"以毛泽东同志为核心的党的第一代中央领导集体，为开创新时代中国特色社会主义提供了宝贵经验、理论准备、物质基础。以邓小平同志为核心的党的第二代中央领导集体，成功开创了中国特色社会主义。以江泽民同志为核心的党的第三代领导集体，成功把中国特色社会主义推向二十一世纪。新世纪新阶段，以胡锦涛同志为总书记的党中央，成功在新的历史起点上坚持和发展了中国特色社会主义"[1]。习近平同志在十九大报告中，还旗帜鲜明地归纳并提出，今后我们党要带领全国各族人民共同建设新时代中国特色社会主义。党的几代领导集体在建设中国特色社会主义这一历史进程中，承上启下、一以贯之，虽然中间也经历了一些挫折、走了一些弯路，但以历史全局的眼光看，我们在制度建设层面所取得的成就不仅伟大，而且各历史阶段的革命与改革实践也充分证明了中国特色社会主义制度选择的历史必然性与合理性。

党领导新民主主义革命的具体目标是"建立各个革命阶级联合专政的国家"[2]，最终目标是为建立社会主义扫清道路。为什么要树立这样的目标，首先要回答的问题是"为什么只有社会主义才能救

---

① 《习近平总书记重要讲话文章选编》，中央文献出版社2016年版，第8页。
② 《毛泽东选集》（第2卷），人民出版社1991年版，第668页。

中国、只有社会主义才能发展中国"。从历史实践看,自洋务运动至新中国成立,中国社会经历了君主立宪制、资产阶级议会制、"三民主义"式的"军政、训政、宪政"制等多种政治制度尝试,然而实践证明,这些制度"实验"虽然付出了巨大的社会成本,但并没有改变中国贫穷落后的状况,更没有实现国家富强与人民富裕。最后,掌握着马克思主义理论武器的中国共产党人,在长期革命实践中抓住了制约中国社会发展的根本矛盾,认识到中国当时最大的历史现实是半殖民地、半封建社会,根据这一实际情况,中国共产党人领导和团结中国社会各阶级的力量,推翻旧制度,为创建社会主义制度扫清了道路。

推翻"三座大山"后,中国共产党领导中国人民进行社会主义改造,其中一项基本任务就是构建制度。但在新中国成立之初,由于我们对社会主义制度的具体形态、组织形式以及社会管理方式的认识还比较粗浅,因此,如何建立一套既符合马克思主义基本原理,又适应中国国情、社情,尤其是与当时落后的社会生产相适应的社会制度,成为包括毛泽东同志在内的广大共产党人亟需解决的问题。历史实践证明,与西方资本主义制度一样,苏联模式同样不能照搬到中国,因此中国共产党只能自力更生,通过自身实践进行探索。虽然在建设过程中遇到了一些挫折,但在前三十年的探索过程中,我们党根据马克思主义基本原理,为中国特色社会主义政治制度提供了一套基本框架,其中,最主要的贡献是确立了人民民主专政和人民代表大会制度这套国体与政体。

十一届三中全会后,在以邓小平同志为核心的第二代党的领导集体的探索下,我们党吸取了以往的教训,纠正了过去的失误,坚持解放思想、实事求是的科学道路,并正确地提出了"什么是社会主义、怎样建设社会主义"这一根本命题,继续坚持把马克思主义基本原理同我国的具体实际相结合,回到建设有中国特色的社会主义这一正确道路上来。在改革开放四十年来的发展过程中，中国共产党坚持"四项基本原则"、遵循"三个有利于"，逐步建立起中国特色社会主义的政治、法律、经济制度，并逐步向社会、文化领域拓展，初步构建起一套层次较为分明、体系较为合理的，符合中国社会传统、现状与未来发展要求的制度体系。

从整个历史进程来看，中国特色社会主义制度的构建过程，本身就是一条线路清晰、符合历史唯物主义的历史选择进程，之后，江泽民同志提出了"建设什么样的党、怎样建设党"的问题，胡锦涛同志提出了"什么是科学发展、怎样科学发展"的问题。中国特色社会主义制度的合法性、正当性以及权威性，正是沿着这样一条道路逐渐构建起来并不断完善的。所以，新时代中国特色社会主义制度不需要其他国家的认可，更不需要西方所谓理论家的"资质认证"，它是由广大直接参与历史实践活动的中国人民最终选择并确认的制度。对新时代中国特色社会主义的自信，就是对历史唯物主义的自信，这种自信不仅具有深厚的理论基础——马克思主义，而且具有最广泛的物质基础——人民群众。

（二）基于现实实践优越性的认同

"实践是检验真理的唯一标准"，想要人民群众认同一种社会制度，仅仅依靠宣传是不够的，更重要的是看这种制度能否从根本上提高社会生产力，提高人民的物质文化生活水平；另一方面，国体决定政体，政体维护国体，政治制度必须反映国家性质，维护人民群众在国家中的统治地位。因此，中国特色社会主义制度在实践过程中能否促进社会生产力的发展、能否保证人民民主专政，构成了制度自信实践领域两条最重要的检验标准。

中国特色社会主义制度体系，能否保证中国的社会主义性质，能否保证中国政治局面的长期稳定，能否解放与发展生产力，能否保证人民民主权利有序扩大,能否有效协调与整合社会各阶层的利益诉求,是检验制度本质规定性和社会治理有效性的标准。从改革开放以来的政治实践看,我们党先后废除了领导职务终身制,构建了领导人退休制度,实现了党的几代领导集体平稳交接;在坚持以公有制为主体这一社会主义基本经济制度的前提下,多种所有制经济蓬勃发展、充满活力,极大地解放了社会生产力和创造力,推动了中国社会的高速发展;以《宪法》为核心的法律体系不断完善,广大领导干部与人民群众法治观念不断增强,法治国家、法治社会、法治政府建设取得长足进步;社会长期稳定,经济持续繁荣,基层群众的民主权利不断扩大,民主意识和参政议政能力不断增强。这些事实充分证明,中国特色社会主义制度,不仅符合中国当前的国情,而且为保证人民民主专政与促进社会高速发展提供了最根本的制度保证。

另一方面,从当今国际形势来看,社会主义与资本主义同时并存,而且客观地说,目前还没有出现"谁要取代谁"的明显趋势。不同国家选择不同的社会制度,既取决于社会生产力的发展水平,同时也取决于历史传统、地缘政治等多方面的因素,但各国选择的制度是否优越、是否科学,最终要以社会生产力的发展为依据,这是唯物主义者判断制度优劣最根本的依据和标准。因此,针对国外敌对势力以及国内一些知识分子对于中国特色社会主义制度的诋毁与抨击,除了在意识形态领域进行必要的斗争和回击外,主要还是应该集中精力走好自己的路,在现有的制度框架内做好自己的事。正如习总书记所说:"只要我们抓什么,他们(西方敌对势力)就找什么的茬,只要我们出正调,他们就必然唱反调。对这些言论,我们要坚定正确的政治方向,增强政治敏锐性和政治鉴别力,不上他们的当,不被负面舆论牵着鼻子走。不要想让他们美言,也不稀罕他们说好话。"[①]古人说得好,"救寒莫如重裘,止谤莫如自修",坚持实践的观

---

① 《习近平总书记重要讲话文章选编》,中央文献出版社 2016 年版,第 341 页。

点,相信中国特色社会主义制度骂不垮,更骂不倒,才是一种真正自信的态度。

今天,我国虽然仍处于社会主义初级阶段,但正如习总书记指出的:"党的十一届三中全会开启了改革开放历史新时期。三十多年来,尽管遇到各种困难,但我们创造了第二次世界大战后一个国家经济高速增长持续时间最长的奇迹。我国经济总量在世界上的排名,改革开放之初是第十一;2005年超过法国,居第五;2006年超过英国,居第四;2007年超过德国,居第三;2009年超过日本,居第二。2010年,我国制造业规模超过美国,居世界第一。我们用几十年时间走完了发达国家几百年走过的发展历程,创造了世界发展的奇迹。"①而且,在以习近平同志为核心的党中央的领导下,无论是全中国还是全党,都发生着日新月异的历史性变革。改革开放四十年来取得的伟大成果是任何人都无法抹杀的,而这一成果的取得,本身就是中国特色社会主义制度优越性在实践领域最鲜明的体现,中国的成功就是中国特色社会主义制度的成功。

因此,制度自信不仅是一个意识形态范畴的理论问题,也是一个生产力范畴的实践问题。正如马克思所言:"批判的武器当然不能代替武器的批判,物质力量只能用物质力量来摧毁。"中国特色社会主义制度自信以卓越的实践成果为物质基础,在成果面前,任何对我国社会制度的攻讦与诋毁都是苍白并且缺乏依据的。就像习总书记所说:"我们六十五年的成就是实打实的,十三亿多中国人民看得见、摸得着,没有人否定得了。中国为什么能? 中国共产党为什么能? 国内外不少人都在思考这个问题。我们现在有底气,也有必要讲好中国故事,这对激励广大干部群众继续沿着中国道路前进的信心和勇气、对加深国际社会对中国道路的认识至为重要。"②当代

---

① 《习近平总书记重要讲话文章选编》,中央文献出版社2016年版,第385页。
② 《习近平总书记重要讲话文章选编》,中央文献出版社2016年版,第226页。

中国取得的巨大成就,既构成了检验中国特色社会主义制度最根本的"实践标准",同时也构成了树立制度自信、宣扬制度自信最根本、最具说服力的鲜活材料。

(三)基于未来趋势长期性的认同

历史必然性与实践优越性只代表着一种制度的过去与当前,从长远来看,要建立制度自信,还要看它未来能否长期坚持,而人民群众关于制度未来趋势长期性的认同,也构成了建立制度自信的目的所在。

在古希腊,无论是柏拉图还是亚里士多德,都没能预见到希腊城邦体制被帝国体制取代;同样,中国的孔、孟也没能预见到皇权专制最终取代封建分封制度。原因何在?因为一种旧制度无论在历史上多么辉煌、在现实中多么成熟,如果它无法适应社会的发展,那么终将被扫进历史的垃圾堆。另一方面,在社会环境没有发生巨大变迁的情况下,一种制度同样存在着内部腐化变质的危险,中国历史上的王朝更替大多源于此种内部因素。因此,一种制度能否既保证自身的健康和稳定,同时又与社会维持一种动态平衡的良性互动,构成了这种制度能否在未来长期坚持下去并为社会服务的关键因素。反之,任何一种朝令夕改或是封闭僵化的制度,都不利于社会的稳定与发展。

社会制度作为上层建筑,因为具有相对独立性这一特征,所以一经产生便具有相对稳定性,这种稳定性直接决定了这种具体制度能否有效发挥社会协调与管理职能。制度通常是由一系列法律体系与规定集合所构成,因此,制度与法一样必须具有相对的稳定性,以便社会公众依据相对稳定的制度与法,预见自身的行为后果,从而较为理性地确定自己的目标,调整自己的行为,安排自己的生活。反之,如果一种制度在短期内总是主动或被动地处于变化状态,那么,不仅制度本身将缺乏应有的严肃性、权威性,而且也将造成社会大众无所适从,从而导致普遍短视行为的出现。

另一方面,社会制度又不能过于封闭僵化,它必须适应社会生产、生活方式的发展与变迁。按照马克思主义政治经济学理论阐释,作为上层建筑的制度必须要保证解放,至少能够容纳一定时期内生产力的发展要求,否则,它必然会被生产力的发展所推翻。所以,一种制度仅仅具有稳定性是不够的,它还必须具有一定程度的开放性,这种开放性不仅意味着这种制度能容纳新的生产方式,同时意味着它能吸纳那些由新生产方式产生出来的新的社会阶层,保证这些新的社会阶层成为社会制度的支持者而非反对者,从而在与时俱进中不断与社会变迁相适应。因此,一种制度只有同时满足稳定性与开放性的要求,才能在较长历史时期内保证社会和谐,促进社会发展。

十一届三中全会之后,邓小平同志做出了我国社会处于并将长期处于社会主义初级阶段这一伟大判断。根据这一判断,我国的社会形态在未来较长历史时期内不会发生巨大的、根本性的变化。同样,习总书记也将初级阶段界定为建设新时代中国特色社会主义的"总依据"。因此,这个"总依据"为新时代中国特色社会主义制度在全局上保持基本的稳定性提供了理论与实践两个维度的基础。另一方面,随着社会的不断发展,随着人民物质、文化生活水平的不断提高,随着中国社会各种新阶层的出现与利益调整,随着国际环境与格局日新月异的变迁,这一系列变化都对社会制度提出了改良和完善的要求。十九大之后,以习近平同志为核心的党中央吹响了建设新时代中国特色社会主义的号角,并且明确指出:"中国特色社会主义制度是特色鲜明、富有效率的,但还不是尽善尽美、成熟定型的。中国特色社会主义事业不断发展,中国特色社会主义制度也需要不断完善。……我们要坚持以实践基础上的理论创新推动制度创新,坚持和完善现有制度,从实际出发,及时制定一些新的制度,构建系统完备、科学规范、运行有效的制度体系。"①因此,按照"继续积极稳妥推进政治体制改革"的部署,新一届党中央采取了一系列新的举措,对我国现有的政治、经济、文化制度进行改革。这既反映了我们党继续推动改革的决心,同时也反映出中国特色社会主义制度在维持基本国体、政体不变的前提下,不断与时俱进的开放性特征。因此,中国特色社会主义制度的相对稳定性,为深化改革提供基本框架与有利环境,而深化改革带来的开放性,则为新时代中国特色社会主义制度提供包括经济基础、阶级基础在内的,更加广泛、牢固的社会基础。

"中国梦"的实现是中华民族未来一个历史时期的集体愿望,而新时代中国特色社会主义制度则是为实现这一愿望提供基本保障的具体形式,要构建实现"中国梦"的信心,其中关键的一环就是构建对坚持现有制度长期性的信心。纵观人类各大文明的整个历史,几乎所有民族的兴衰都与制度的优良紧密地联系在一起,如果一种基本制度不能取得社会大众的支持与信任,那么,民族复兴的伟大目标必将在内耗与冲突中化为泡影。

四、习近平总书记关于制度自信的重要论述

习近平总书记曾经指出:"当今世界,要说哪个政党、哪个国家、哪个民族能够自信的话,那中国共产党、中华人民共和国、中华民族是最有理由自信的。"中国当前的制度自信,其根源就在于习总书记所言:"中国特色社会主义制度是当代中国发展进步的根本制度保障,是具有鲜明中国特色、明显制度优势、强大自我完善能力的先进

①　《习近平总书记重要讲话文章选编》,中央文献出版社2016年版,第10页。

制度。"同时，习近平总书记于 2013 年 3 月 23 日在莫斯科国际关系学院发表演讲时提出："各国和各国人民应该共同享受尊严。……'鞋子合不合脚，自己穿了才知道。'一个国家的发展道路合不合适，只有这个国家的人民才最有发言权。"这一精辟论述不仅强调了各国人民自主选择发展道路的权利，而且彰显了在中国共产党领导下的中国人民，沿着中国特色社会主义道路追寻"中国梦"，不断建设和完善适合中国国情的新时代中国特色社会主义制度的饱满自信。

习近平总书记关于"鞋子与脚"的论述，看似通俗，其中却包含中华民族百年来革命和建设实践中所蕴含着的深刻的历史逻辑。十月革命的"一声炮响"，为中国人民送来了马克思主义。早在抗日战争时期，中国共产党就创造性地设计并实践了以"三三制"为原则的根据地民主政权。新中国成立以后，以毛泽东同志为核心的第一代领导集体，将马克思主义基本理论同中国国情相结合，提出了人民民主专政理论，设计了以人民代表大会制度、共产党领导的多党合作和政治协商制度、民族区域自治制度为内容的政治制度，奠定了社会主义民主政治的制度框架。党的十一届三中全会以来，以邓小平同志为核心的党的第二代领导集体在深刻总结社会主义运动正反两方面经验，尤其是"文革"沉痛教训的基础上，提出"没有民主就没有社会主义，就没有社会主义的现代化"，指出只有政治体制改革才能发展社会主义民主。而改革开放四十年来的巨大成就，也用无可辩驳的事实证明，中国当前的政体，不仅是历史发展的必然选择，更是全体中国人民自己的选择。新一届党中央，正是沿着邓小平同志所开创的道路，在新的历史起点上，继续坚持并完善中国特色社会主义政治制度，在开辟适合中国特色社会主义本质特征的政治建设新路上奋勇前进。

马克思和恩格斯曾经指出，工业革命和资本主义的发展，必然导致"历史向世界历史的转变"，而二十一世纪的全球化趋势，则是世界历史发展在当代的具体表现。习近平总书记在莫斯科国际学院的演讲，代表新一届党中央向全党、全国各族人民以及全世界爱好和平的人们宣示：世界历史中的全球化进程，绝不意味着地球上各种文明和文化的同质化进程，也不意味着各个国家和政府组织形式的同一化进程，更不意味着国际政治霸权化、单极化的进程。世界历史的演进，应是各种文明、各个国家在选择适合自己道路的基础上，在相互间和平共处的互动中，共同塑造和推动历史发展的进程。而作为人口世界第一的发展中大国，中国特色社会主义制度在实践上的成功，无论对于世界格局的改善，还是对于世界历史的和谐发展，都发挥着举足轻重的影响。从这个意义上说，中国共产党人和中华各族儿女，对中国特色社会主义制度充满自信，促进中国特色社会主义现代化道路的不断开拓，本身就是对人类文明和世界和平发展的伟大贡献。

随着形势任务的发展，习近平同志指出"现阶段我国发生大规模外敌入侵的战争可能性不大，但因外部因素引发局部战争和武装冲突的可能性不能低估"，以及十九大最新提出的"中国特色社会主义进入新时代，我国社会主要矛盾已经转化为人民日益增长的美好生活需要和不平衡不充分的发展之间的矛盾"，一方面肯定并继承了邓小平同志关于"和平与发展是当今世界的主题""阶级斗争已不是国内的主要矛盾"这两个基本判断；另一方面，习近平关于我国社会主要矛盾变化的论述，并没有改变我们对我国社会主义所处历史阶段的判断，我国仍处于并将长期处于社会主义初级阶段的基本国情没有变，我国是世界最大发展中国家的国际地位没有变。也正是基于这两个基本定位，党的新一届领导集体开始启动真正意义上的中国特色社会主义政治改革及其制度化过程。邓小平同志在《党和国家领导制度的改革》一文中指出："社会主义现代化建设，是要在经济上赶上发达的资本主义国家，在政治上创造比资本主义国家的民主更高更切实的民主"；"领导制度、组织制度问题更带有根本性、全局性、稳定性和长期性"；"改革并完善党和国家各方面的制度，是一项艰巨的长期的任务，改革并完善党和国家的领导制度，是实现这个任务的关键"。其后，党的几代领导集体，在政治体制改革的实践中，按照总的战略部署，先后完善了人民代表大会制度、中国共产党领导下的多党合作和政治协商制度、民族区域自治制度以及基层群众自治制度；在废除党和国家领导人终身制的基础上，建立并完善了退休制度；民主选举、民主决策、民主管理、民主监督得到有序推进。

而习近平总书记有关"鞋子合不合脚，自己穿了才知道"的论述，更是以通俗的语言，清晰地表达了制度作为鞋，必须适合国情和国家性质这双脚。如何判断合适与否？只能依照实践这个检验真理的唯一标准。因此，新一届党中央表现出的自信态度和立场表明，我们决不能因为某些人或天真或恶意的鼓吹和煽动，因为我们在发展中面临的暂时困难，而无视四十年来中国特色社会主义制度取得的巨大成就，而去削足适履，全盘西化，照搬什么"多党制""两院制"，走上改旗易帜的邪路，走回封闭僵化的老路。

党的十八届三中全会形成的《决定》，更以三部分十项内容的篇幅，对中国特色社会主义制度建设进行了总体规划。可以看出，以习近平同志为核心的党中央在继承四十年来改革开放巨大成果和宝贵经验的同时，也面临着在发展过程中积累下来的大量矛盾，面临着一些瓶颈和障碍。正如习近平总书记2012年末在广东视察时所指出的："我国改革已经进入攻坚期和深水区，我们必须以更大的政治勇气和智慧，不失时机深化重要领域改革。"同时，新一届党中央表示，无论是经济体制改革还是政治体制改革，采取以逐步推进为特征的渐进式改革，而非疾风暴雨式的群众运动，不求短期和局部利益，而将改革的成果用创新的制度不断进行巩固，不仅更为有效,而且更为持久。在制度改革的过程中,积极稳妥地在一些关键领域持续推进的战略,早在十八大之后中央一系列的决策部署中就初露端倪。例如,《决定》中明确提出"坚持正确处理改革发展稳定关系,胆子要大、步子要稳,加强顶层设计和摸着石头过河相结合,整体推进和重点突破相促进"的要求,十九大报告中也再次提出了"稳中求进"的"总基调"。在实践领域,新一届党中央首先在人民群众深恶痛绝的官员腐败问题上,狠下决心、毫不姑息,"老虎苍蝇一起打",查处了一批身居高位的腐败分子;在作风建设问题上,出台了"八项规定",通过新一届中央领导集体自身的率先垂范,为全党干部作风转变树立了风向标。这一连串铿锵有力、颇有成效的改革,无不显示出新一届中央领导集体深化改革的巨大勇气和智慧。

另一方面,十九大旗帜鲜明地指出:"我们党深刻认识到,实现中华民族伟大复兴,必须建立符合我国实际的先进社会制度。"同时指出,中国共产党作为执政党、作为新时代中国特色社会主义建设的领导核心,必须当仁不让地牢牢掌握政治制度改革的领导权。从目前国内外各种思潮的发展形势来看,社会上有一些人以推动政改为幌子,以学术研究为掩护,以言论自由为盾牌,在互联网等新媒体上,借助造谣、抹黑、煽动等手段,否定人民民主专政,贬低人民代表大会制度,攻击党和政府的各级领导机构,拼命鼓吹西方式的宪政、直选、多党制和三权分立,妄图削弱甚至篡夺中国共产党的执政地位。针对这 · 情况,新一届党中央在深化政治体制改革的过程中,一方面坚持有序推进、积极稳妥的方略,以开放的心态吸收和借鉴人类社会创造的一切文明成果;另一方面也表达了坚持在新时代中国特色社会主义道路上领导政治体制改革的充分信心,表达了在任何情况下,制度改革都要遵循四项基本原则不动摇的坚定决心。

第二章

理论阐释——从马克思主义基本原理透视制度自信

————

　　在马克思主义基本理论中,制度属于上层建筑的范畴。之后,在列宁与斯大林时期的社会主义理论发展中,上层建筑被明确划分为政治上层建筑与思想上层建筑。因此,如果说制度属于政治上层建筑的范畴,那么,制度自信,显然属于思想上层建筑的范畴,二者按照上层建筑内部的一般规律进行相互影响与互动。从狭义层面来看,正如王沪宁《政治的逻辑》中所指:"政治上层建筑是整个上层建筑的一部分,但它是其中有决定意义的核心部分。"因此,政治制度属于制度体系中最核心的部分,与之相对应,制度自信的核心部分则是指关于政治制度的自信。

一、上层建筑：制度自信的分析框架

　　上层建筑与物质基础既然被视为一种基于马克思主义范式的系统分析框架,那么本文关于上层建筑的"所指",就可以按照索绪尔所称语言学中的"任意原则",为研究需要赋予其某种特定的含义。但是,由于上层建筑的喻义在长期的"约定俗成"中,已经产生了一个虽模糊但又相对固定的"印象",即喻指某种与经济基础存在区别又相互联系的东西;所以在构建这种分析框架时,重新界定"上层建筑"一词的相关概念时也不能全然"任意",而只能在这个较为模糊但又相对固定的范围中,抽取出互不矛盾的材料加以重新组织,从而得到一个相对稳定且便于理解的研究对象。因此,本书为了研究的需要,将政治上层建筑狭义化为"政治制度",将思想上层建筑狭义化为"制度自信",将社会生产、生活方式狭义化为"经济基础",从而构造了一个相对清晰的研究模型。

(一)两种"制度自信"研究模型的比较分析与再构建

图2-1 从社会系统论的视角看,对于马克思主义理论的不同理解,可以构造出不同的研究模型,如图2-1和图2-2所示。

图2-1所示的金字塔型结构,是对苏联理论界关于经济基础与上层建筑关系"教科书式"的划分与描述。在这种结构中,经济基础位于社会大系统的底层起基础性作用,上层建筑则位于基础之上并被划分为政治制度与制度自信。这种金字塔型结构主要突出了两个特点:第一,该结构下层的经济

图 2-1

基础被归入社会的物质关系,而上层建筑则被归入思想关系的范畴,因此在政治制度与制度自信之间,作者以虚线进行划分。第二,在该结构中,政治制度并不直接与经济基础发生关系,而必须在思想上层建筑,更具体地说是在制度自信指导下才能建立,从而间接地与经济基础相适应。这种关于社会系统的划分与模型构造的优点,在于清晰地反映了物质的基础性、决定性作用,缺陷则在于扩大了思想关系的范畴,割断了政治制度与经济基础之间的直接联系,

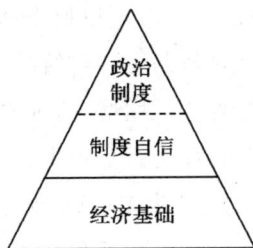

从而导致夸大精神作用，存在着背离唯物史观的倾向与危险。

图 2-2 所示的结构模型，大体体现了近现代西方马克思主义理论界的主流观点。他们认为经济基础、制度自信与政治制度两两之间并不存在泾渭分明的界限。其典型观点由柯亨提出，他认为，在生产关系的研究范畴内，如果从人对生产资料的占有与使用这一角度分析，生产关系无疑属于物质关系的范

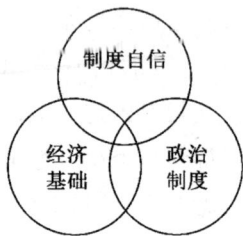

图 2-2

畴，但如果从人对生产资料占有关系的法律规定来看，则无疑又属于上层建筑的领域。① 具体解释，即资本家通过资本剥削工人的剩余劳动属于生产关系范畴，但国家通过法律规定资本归资本家所有，则属于政治制度范畴。卢卡奇的观点走得更远，他认为，将经济现象与政治现象分开进行孤立研究是不可能把握社会本质的。② 因此，卢卡奇不但拒绝承认马克思主义理论中将社会有机体划分为物质基础与上层建筑的分析方法，而且也基本否定了经济基础的决定性作用。因此，这种模型与图 2-1 一样，具有明显的缺陷，但按照这种模型进行分析也存在有利的一面，即将政治制度从"思想范畴"中"独立"出来，从而直接与经济基础发生互动。

在摒弃了图 2-1 与图 2-2 缺陷的基础上，笔者设计了图 2-3 这样的社会齿轮结构模型。此种模型设计的基本依据在于以下三个方面：

首先，客观地说，西方马克思主义学者有关物质关系与思想关系之间存在着"灰色地带"的理论不无道理，但正如前文所述，如果将制度自信与其对应的经济基础与政治制度作为一种分析框架，那么

---

① ［英］G.A.柯亨：《卡尔·马克思的历史理论——一个辩护》，重庆出版社 1989 年版，第 66 页。

② ［匈］卢卡奇：《历史与阶级意识》，商务印书馆 1992 年版，第 54 页。

对于三者之间的模糊区域就可以通过约束条件的设定加以简化。这种简化处理不仅不会像卢卡奇所言,"背离了马克思主义认识世界的整体性方法",反而有利于更清晰地认识社会大系统下各子系统之间的联系。更进一步说,将社会本体论研究转向关于社会联系的研究,本身就是对马克思主义理论的最大坚持。

图 2-3

其次,整个社会模型内部子系统的划分,遵循了马克思《〈政治经济学批判〉序言》的基本阐述,即"生产关系的总和构成社会的经济结构,即有法律的和政治的上层建筑竖立其上并有一定的社会意识形式与之相适应的现实基础"①。为了更加适应马克思主义理论的描述范式,在此分析框架中以"经济基础"指代"经济结构",以"政治制度"指代"法律和政治的上层建筑",以"制度自信"指代"社会意识形式"。

最后,在此种分析框架中,社会有机体的三个子系统之间被设计为以咬合齿轮进行互动的形式。这里需要指出的是,在这个齿轮模型中,按照唯物史观基本原理,一方面设定代表"经济基础"的齿轮为主动轮,代表"制度自信"与"政治制度"系统的齿轮为被动轮;另一方面,由于相对独立性与反作用的存在,"政治制度"与"制度自信"这两个齿轮并不完全被动,而是存在推动自身运转的内在驱动力。因此,三个齿轮最终运转的方向,将取决于三者之间的合力。

马克思按照人的社会关系将人类社会划分为三种形态:

第一种是建立在孤立的自然经济基础上的"人对人的附属关系",第二种是建立在商品经济基础上的"以物的依存关系为基础的

---

① 《马克思恩格斯选集》(第 2 卷),人民出版社 1995 年版,第 32 页。

人的独立性"，第三种是建立在产品经济基础上的人的"自由的个性"①。

因此，正如马克思所指出的那样，在封建社会，"土地所有权也可以只是某些人对直接生产者人身的所有权的附属品"②。所以在社会有机体中，只有当经济基础冲破上层建筑的制约时才能带动整个社会向前发展，否则，在政治上层建筑以及思想上层建筑深刻并且巨大的反作用面前，包括经济基础在内的社会不仅可能停滞不前，而且还有发生倒退甚至崩溃的危险。以中国为例，构筑于农耕社会基础之上的皇权制度、郡县制度，以及统治阶级、士大夫和广大长期在儒家意识形态灌输下的被剥削阶级对于这套制度的信任与认可，在数千年的历史中始终制约着中国前现代社会工商业的发展水平。因此，尽管经济基础有发展的冲动，但这种冲动可能被政治上层建筑与思想上层建筑共同抑制，从而导致社会生产力停滞不前。从系统模型的表面看，由三个紧密咬合齿轮所构成的社会大系统，其运转在外观上具有整体的一致性，但无论是作为思想上层建筑的制度自信，还是作为政治上层建筑的政治制度，一旦形成便会因其相对的独立性而产生自身运转的内在逻辑与惯性，这种动力由子系统内部矛盾的发展来提供，而整个社会到底往何处去，最终还是由这三个齿轮的合力来决定。更具体地说，整个社会能否向前发展，要看主动轮"经济基础"所提供的驱动力是否能够强大到克服两个被动轮的阻力。因此，将每个齿轮运转的驱动力研究清楚，将大大有助于对社会发展趋势的判断。由此，本书研究的重点在于利用这一分析框架，将经济基础设为外部条件，从而分析作为子系统的政治制度与制度自信在一定条件约束下的驱动机制。

---

① 王沪宁主编：《政治的逻辑——马克思主义政治学原理》，上海人民出版社 2004 年版，第 227—228 页。

② 《马克思恩格斯选集》（第 2 卷），人民出版社 1995 年版，第 543 页。

（二）政治制度与制度自信的系统要素与结构分析

在上文中，我们既然在整个分析模型中将政治制度与制度自信设定为一个边界相对清晰的子系统，那么要研究其运转的内部驱动机制就不应再将其视为一个"黑箱"，而要将这个子系统打开，界定并分析其内部的关键要素以及各要素间相互联系与作用的机理。

在国内，政治上层建筑一般被认为由"国家、政治制度、法律体系、政府体制、武装力量、政治关系、政治文化、政治观念、政治思想、政治学说"①等因素构成，而在这些因素中，"国家权力、政治制度和法律制度，构成了最具决定意义的部分"②。因此我们可以将政治上层建筑中的"国家、政治制度、法律体系、政府体系、政治关系"等归入政治制度的范畴，将"政治文化、政治观念、政治思想、政治学说"中对于某种制度的认同与信任狭义化为制度自信的范畴。为进一步明确子系统的边界，本文语境中的政治制度，仅包括国家权力、政治制度、法律制度和武装力量等"政治与法律设施"。

如果再进一步归纳，国家权力的归属问题决定了一个国家的属性，可将其归入"国体"的范畴，而法律制度与政治权力组织和运行的具体安排，则可归入"政体"的范畴。另外，武装力量作为国家的暴力机构，其实质属于保障国家权力的重要物质基础，而其具体组织形式及政治安排又属于"政体"的范畴。所以，政治上层建筑系统内包含的诸多要素可以被归纳进"国体"与"政体"这两大制度要素中去。其中，国体决定着国家的本质属性，因而构成了政治上层建筑内部的本质规定性；政体作为维护统治阶级根本利益的形式与制

---

① 王沪宁主编：《政治的逻辑——马克思主义政治学原理》，上海人民出版社 2004 年版，第 51—52 页。

② 王沪宁主编：《政治的逻辑——马克思主义政治学原理》，上海人民出版社 2004 年版，第 52 页。

度,则构成了政治上层建筑的外壳。最后,对于国体的认同构成了制度自信的核心要素,关于政体的自信则构成了制度自信的具体形式。

1.国体与制度自信

所谓国体,正如毛泽东同志极为简明扼要的阐释,即"社会各阶级在国家中的地位"①。关于"国体"的制度自信,则是指各社会各阶级对于自身在国家权力中所处地位的认同感。"国体"是马克思主义国家学说中的重要概念,国内理论界通常按照苏联对社会形态进行的教科书式的划分,定义了四种不同类型的国体,即国家权力分别由奴隶主、地主以及资产阶级掌握的三种剥削阶级专政的国体,另外,还有一种国家权力掌握在人民大众手中的无产阶级专政国体,或曰人民民主专政国体。

笔者认为,这种对国体的划分虽然大致不错,但存在对国体概念过分简化的倾向。正如马克思在《法兰西内战》一文中所指出的:"正是在资产阶级社会的这个最后的国家形式里,阶级斗争要进行最后的决战。"②因此两大阶级之间的对立,是到了资产阶级社会才开始明确和尖锐起来的,而建立在自然经济基础上的前资本主义社会,奴隶主与奴隶、地主与雇(佃)农、封建领主与依附农民这三组对立阶级,在大部分历史时期内,虽然有时也以暴烈的形式进行对抗,但更多时期却倾向于形成一个既束缚自由又提供保障、具有内聚倾向和共同利益的小共同体,以抵御来自自然界以及社会其他集团的外部压力。因此,以哪个阶级掌握国家权力来判断国家属性,在研究前现代的传统社会中存在着很大的困难,而且即使在近现代,仅以"资产阶级专政"的国体为判断标准,也无法帮助我们区分自由资本主义、垄断资本主义、官僚资本主义乃至法西斯主义国家之间的

① 《毛泽东选集》(第2卷),人民出版社1991年版,第676页。
② 《马克思恩格斯选集》(第3卷),人民出版社1995年版,第315页。

根本区别,而以上这几种资本主义,仅仅用政体的区别来划分,显然是没有说服力的。同样,以"地主阶级专政"的国体为判断标准,不仅无法区分中国"封建"与"专制"之间的差异,也无法将西方中世纪"王权"与"教权"、"君主权"与"领主权"的冲突纳入政治制度与制度自信的研究范畴。另外,马、恩仔细研究分析的英、法、德等国均是资本主义较为发达的国家,资产阶级与无产阶级之间的分化与对立相对明确,但在无产阶级革命率先取得成功的帝国主义薄弱环节——俄国,以及半殖民地半封建社会的中国,阶级分布状况就更为复杂,尤其是如何在国体中安排占人口绝大多数的农民阶级,并不能在马克思主义创始人的国家学说中找到现成的答案。

因此要分析判断一个国家的国体,并进一步分析哪些阶级认同或是反对现存国体,还应回归毛泽东同志在《中国社会各阶级的分析》一文中的经典方法,不仅需要分析谁是统治阶级,谁是被统治阶级,还要分析哪些阶级是领导阶级,哪些阶级是联盟阶级,哪些阶级是被专政的对象。也就是说,要分析历史、当前以及未来各阶级和具体阶层在国家中的地位变化,并分析国家权力的来源、社会基础与政治目的,只有这样,才能将较为抽象的"国体"与"人民"具体化并予以更科学的研究,从他们各自的历史传统、现实利益,以及未来利益调整中判断他们对于国体的态度变化,进而分析制度自信的阶级基础。

2.政体与制度自信

毛泽东同志曾经指出:所谓政体,即指"政权构成的形式问题",是统治阶级"取何种形式去组织那反对敌人保护自己的政权机关"。[①] 更具体地说,政体就是"统治阶级进行统治所选择的政权组

---

① 《毛泽东选集》(第2卷),人民出版社1991年版,第677页。

织形式"①。关于政体的制度自信,则是指社会公众对于政府组织形式合理性的认同感,其核心在于人们对于自己所享有的权利、承担的义务的认同感。

政体作为政治上层建筑的外层结构,一般以制度的外观得以体现,因此,国内也有学者直接将政体称为政治形式或政治制度。对于普通社会公众而言,政体相对于国体而言更加直观和具体,关于政体的制度自信也更能让人直接体验。

相对于国体而言,关于政体的划分更因其种类繁多而令人炫目。早在奴隶主专政的古希腊城邦时代,亚里士多德就已按照执政人数与执政目的,将城邦政体划分为三类六种,而且亚里士多德作为混合政体的倡导人,更将典型的政体类型进一步模糊化。到了当代,即使是自称政治制度日臻成熟的西方发达资本主义国家,其政体也存在着明显的差异。例如,同样建立在三权分立基础上的资产阶级代议制度,就可以分为内阁制与总统制,另外还有不少国家仍保留虚君以作为国家的象征,如英国、日本等。

从人类社会发展的历史维度看,从奴隶制国家到封建国家,最后再到资本主义国家,虽然国家的属性发生了变化,但少数人统治多数人、剥削阶级专政被剥削阶级的本质并没有改变。但是,无论是东方还是西方,各国政体在历史演进过程中,在某种程度上也的确存在着西方资产阶级政治理论中那种趋于"理性"的趋势。这种"理性"一方面表现在政府社会管理职能效率的提高上,另一方面表现在政体在缓和阶级矛盾、协调国体内各阶级关系上,但归根结底,这种"理性"服务的根本对象仍是由少数人构成的统治阶级。然而,不可否认的是,在这种"理性"支撑下的成熟政体具有相当的"迷惑性",因此能够获得大部分被统治阶级普通民众的信任与认同。

———————

① 王沪宁主编:《政治的逻辑——马克思主义政治学原理》,上海人民出版社 2004 年版,第184 页。

以中国为例，中国专制政体发轫于先秦时期，在马克斯·韦伯看来，中国这种从封建国家向俸禄国家的变迁过程，可以视为一个专制政体在相对封闭的社会条件下所能够实现的最大限度的理性化。① 在这一过程中，中国的"治权"从代表血缘的诸侯阶层向代表理性的士人阶层逐渐转移；政治权力的授予由世袭制经历举荐、征辟等制度发展路径，最终形成了正规严密并且相对公平的科举选拔制度；官僚体系由科层式的树状结构逐渐演变为围绕皇权的同心圆结构；等等。这些不同层面的演变最终导致了成熟的中国式皇权专制政体，这个专制政体外化为政治上层建筑的坚硬外壳，极其稳固地保卫着统治阶级的根本利益，并且强大到遏制一个极富创造力的民族的发展长达千年之久。同时，按照当代政治学理论，在前现代社会，大部分普通民众作为"沉默的大多数"，在经济基础没有发生巨大变迁的条件下，在自身基本生存条件不受威胁的情况下，并不会自发、自为地组织起来反对上层建筑。因此，在一般情况下，中国古代统治阶级只需要笼络住具有"政治发言权"的"士人阶层"，取得他们的拥护与支持便能够维持政体的基本稳定。所以在中国传统社会中，"制度自信"通常与士人阶层中的"精英分子"——官僚阶层紧密联系。

与中国相比，以爱琴海文明为传承的西方政体的发展脉络更为多元，同时也更加模糊。早在古希腊城邦时代，就存在着民主、贵族与君主政体（包括暴民、寡头、僭主三种变态政体）的区分，而其近邻波斯、埃及等统辖诸多城市的帝国体制，也与城邦政体存在着明显的区别。亚历山大之后，城邦政体消亡，古罗马在共和与帝制之间数次摇摆后最终倒向帝制，但随着蛮族的入侵，游牧部落中原始的"公共精神"与古罗马时期遗留下的"共和记忆"，以及城邦时代便

---

① 《韦伯作品集 V》，广西师范大学出版社 2004 年版（引者按：内容参见第二章"社会学的基础之二：封建国家与俸禄国家"；第五章"士人阶层"）。

融入西方文明血液中的民主基因相互共鸣，最终促成了在封建领主之间相对"民主"的分封制。进入中世纪之后，掌握神权的教会在"上帝面前人人平等"的教规之前无法忽视教众，尤其是各地神父、主教的民主权利，而宗教大会一人一票选举制度的发展，也为世俗政体的发展提供了借鉴。文艺复兴与资本主义的发展，促使西欧许多民族国家内部逐渐形成了国王、贵族与市民的三角平衡，经过反复的斗争与妥协、革命与复辟，在资本主义发达国家，最终按照孟德斯鸠"三权分立"的原则，构建了基于代议制、被列宁称为"资本主义所能采用的最好的政治外壳"①——民主共和政体。所以相对于传统中国，西方传统中的"制度自信"被割裂为基于"神权"的认同与"王权"的认同两个层面，从中世纪到马丁·路德宗教改革，由于统一教会的存在，建基于广大基督教徒的"神权"自信为"王权"合法性提供了制度自信的意识形态基础，但随着教会的腐败以及民族国家的兴起，以天主教为基础构建的制度自信逐渐崩塌，一种以资本主义"理性"为理论基础、以新教为宗教意识形态、以民族国家为基本单元的世俗政权逐渐取得优势，而以这种"理性"为基础构建的"代议制政府"，逐渐取得了社会公众的认同与信任。

尽管资本主义民主共和政体的建立，标志着人类社会发展的巨大进步，它以代议制克服了直接民主的弊端，以联邦制调和了民主与国家规模之间的矛盾，以三权分立遏制了行政权力的膨胀，从而推动了政治解放，促进了生产力的极大发展；但政体作为政治上层建筑的外部结构，仍然受到其内部结构——国体的制约，其历史功绩终究局限于维护剥削阶级的根本利益，而无法从政治解放上升到社会解放。脱离国体直接研究经济基础、政治制度与制度自信之间的关联，并不符合马克思主义的唯物史观和阶级立场，所以在本文的分析框架中，主要从各阶级、各阶层在国体中的矛盾发展，以及国体

---

① 《列宁选集》（第3卷），人民出版社1995年版，第120页。

与政体在变迁过程中的相互联系,来研究驱动中国特色社会主义制度与制度自信历史形塑的原因与机制。

综上所述,本文将政治上层建筑这一子系统内所包含的各种因素,最后归纳为决定国家属性的内层制度——"国体",与代表政治形式的外层制度——"政体",由此,整个政治上层建筑的内部结构可以被简化为如图2-4

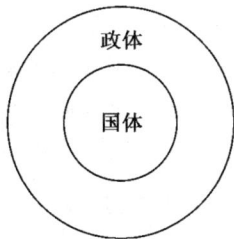

图 2-4 政治上层建筑系统结构图

所示的、具有同心圆结构的社会子系统,这个社会子系统的变迁决定了制度自信的构建方向。

(三)政治制度与制度自信的变迁路径与外部约束条件

最后,本节将结合图2-3与图2-4,尝试用系统科学的语言分析和描述政治制度与制度自信在历史变迁进程中的路径与机制,并分析经济基础作为外部条件如何对该子系统进行约束,从而完成整个分析模型的理论描述。

1.政治制度变迁的两条路径

列宁曾经指出,革命"就是用暴力打碎陈旧的政治上层建筑,即打碎那种由于同新的生产关系发生矛盾而到一定的时候就要瓦解的上层建筑"①。根据这一论述,理论界的一种观点认为,政治上层建筑只能按照如下规律变迁:

首先,社会中代表先进生产力要求的新兴阶级逐渐发展壮大;

其次,新兴阶级通过武装斗争打倒旧阶级,摧毁旧制度;

① 《列宁选集》(第1卷),人民出版社1995年版,第631页。

最后，新兴阶级构建旨在维护自身根本阶级利益的新制度。

如果将这一规律放到图2-4的分析框架中，我们可以将其描述为一种由内而外的"解构—重构"过程，即以打碎旧的国体为前提条件，然后通过先国体后政体的路径，最终重构新的政治制度。客观地说，这种关于政治制度变迁的阐释，在理论上符合阶级史观，在实践上也完全可以由一些民族国家的革命实践予以证实，但其最大的缺陷在于将特殊误读为普遍，将个别经验上升为一般规律，同时忽视了作为意识形态的制度自信在制度变迁中的作用。

如果以封建国家政治上层建筑的建构过程以及各国资产阶级革命实践为例进行梳理，我们不难发现，政治制度的变迁还存在着另一条由外而内的路径，这一路径相对于"革命"路线而言，通常被称为"改良"路线。

东西方有许多马克思主义理论者认为，改良的道路并不符合马克思关于"暴力是每一个孕育着新社会的旧社会的助产婆"①这一论述，更不符合列宁关于革命"就是用暴力打碎陈旧的政治上层建筑"的相关论述。这种误读的产生，根本原因就在于没有彻底搞清马克思主义理论中关于"暴力"的真正含义，同时也混淆了革命的目的与手段。

首先，暴力的原意是指一种"强制力"，是一种将自己的意志强加于他人的强制行为。在马克思主义政治学与国家学说中，暴力更是指以物质资料为基础而实施强制的"经济力"，因此，暴力包含但绝不等同于武装斗争，所以在武装斗争之外，暴力革命并不排斥和平手段。如果说通过武装斗争夺取国家权力，随后根据国家性质重新建构政治制度的路径，是一种着眼于国体的突然质变，通过由内而外的"激变机制"重新组织政治制度，那么，通过改良的方式进行革命，则是一种着眼于政体的量变积累，通过由外而内的"流变机

---

① 《马克思恩格斯选集》（第2卷），人民出版社1995年版，第266页。

制"来改造政治上层建筑的相反路径。

历史与革命的实践证明,新兴阶级以政体改良为手段,最终也能够达到改变国家性质的目的。以中国为例,战国时期代表专制王权的士人阶层夺取并集中国家权力的过程,并没有依靠与代表封建领主经济、与君主有着血缘关系的"侯""伯"们进行"阶级决战"来完成,而是依靠各诸侯国国内的"变法"来推动①。而先秦时期所谓"变法",从手段与内容上来看是为了改变外在的"政治与法律制度",从目的与结果来看,却最终改变了士人阶级与贵族阶级在国体中的地位。

同时,以西方资产阶级革命的典型——英国为例,同样可以论证革命能够通过改良的道路来完成。自1660年斯图亚特王朝复辟之后,英国的资产阶级就放弃了通过武装斗争夺取政权来重建政治制度的道路,而是依次在17世纪通过"光荣革命"确立的《权利法案》来扩大政治、经济优势,在18世纪依靠推动"责任内阁制"以驾驭国王手中的行政权,在19世纪通过议会选举制度的改革将工业资产阶级纳入国家权力体系,从而最终塑造了"资产阶级专政"的英国。英国资产阶级这种通过改良政体逐渐蚕食并最终从国王与封建领主阶级手中夺得国家权力的革命道路,一方面带有渐变与温和的特征,另一方面也不可避免地带有较浓的妥协与保守色彩。而马克思与恩格斯也正是通过对英国现实与历史的研究得出这样的结论,认为由于具备"民主制比较发达""军事官僚机器比较薄弱",以及"人民的守法性格"等条件,英国存在着采取和平方式进行无产阶级革命的可能。

最后需要指出的是,武装斗争与政治改良作为革命的手段,并不

---

① 尽管春秋战国与秦扫六合是否意味着中国奴隶社会向封建社会的过渡,在学界仍然存在着较大争议,但战国时期各诸侯国内贵族阶级逐渐失去所执掌的国家权力,却是当时不可否认的历史趋势。

被上述两条路径中的任何一条所拒绝。通过武装斗争夺取并打碎旧的政治上层建筑这一路径，并不排斥通过政治改良来扩大阶级优势，从而为最后的阶级决战创造有利条件；而着眼于政治制度改良的道路，也不排斥通过武装斗争以加速改良的进程。从另一方面来看，武装斗争与政治"改良"同样可以作为旧阶级"反革命"的手段，也就是说，在某一历史时期，尤其是处于历史转折的大变革时期，政治制度变迁的方向未必一定是革命的。与武装复辟旧制度相比，旧阶级依靠"制度改良"维护或复辟旧的政治上层建筑的路径带有更大的隐蔽性与危险性。如果旧阶级在国体中依然占据主导地位，那么他们可以通过改良以模糊新兴阶级的认识，分化革命阶级的力量，从而达到阻止、削弱甚至是扑灭革命的目的；如果旧阶级在国体中的地位已被削弱，但尚未被完全驱逐，那么他们仍可以利用旧制度的残余，分化、同化并腐蚀革命阶级，以达到本阶级复辟的目的。在中国，西汉与西晋初年的分封制重建能够被视为"血缘"贵族在制度上的复辟；在西方，马克思在其政治学名篇《路易·波拿巴的雾月十八日》中也进行了详细而精彩的论述，因此本文不再赘述。

通过对政治上层建筑子系统的分析，我们不难看出，政治上层建筑的变迁既存在着"由外而内"与"由内而外"两条不同的路径，又存在着"革命"与"反动"两种相反的方向。但各国具体选择哪条道路，并不是由革命家与少数先进分子的意志所决定的，起决定性作用的，依然是马克思所反复强调的"社会存在"。同时，意识形态作为上层建筑中另一重要组成部分，也能够对政治上层建筑的变革发挥极为重要的影响。因此，按照图2-3的系统分析框架，要进一步分析政治制度的变迁动因，还须研究对其发挥"决定性影响"的经济基础，以及与之相适应的意识形态，换言之，即关于制度自信的兴盛与衰弱问题如何在制度变迁过程中发挥影响。

2.制度自信在制度变迁中的功能分析

思想上层建筑也被称为观念的上层建筑或文化结构。从狭义上看,思想上层建筑仅是指社会思想中的意识形态部分,如政治、法律、道德、艺术、哲学以及宗教等观念与思想;从广义上看,除意识形态部分外,还包括社会思想中的非意识形态部分,如物理、化学等自然科学的观念与思想。从原理上分析,制度自信显然属于社会思想中的意识形态部分,它对于制度变迁所产生的作用必然遵循思想上层建筑的一般规律。

思想意识是客观世界在人们头脑中的反映,因此,社会公众对于制度的认同与信任,同样是具体制度在人们头脑中的反映。按照图2-3所示的分析框架,制度自信作为一种思想关系所反映的对象,主要是指政治上层建筑中的政治制度。

从与经济基础之间的相互作用机制看,一定社会中的政治思想大体反映三种类型的生产关系:

其一,与占统治地位的生产关系相一致的主流意识形态;

其二,与已经消亡或正在消亡的生产关系相一致的旧意识形态残余;

其三,与不断生长着的新的生产关系相适应的新型意识形态萌芽。

以资本主义社会为例:强调竞争与个人主义的资产阶级意识形态,是对构筑于生产资料私有制与商品经济基础上的生产关系的反映;怀念和向往田园诗般生活的"恬适"与"自足",留恋封建共同体对依附者提供的"保障"等封建意识形态残余,反映的是消亡中的自然经济、人身依附与孤立生产基础上的封建生产关系;而强调公平与集体主义的无产阶级意识形态,则是对基于社会化大生产以及生产资料公有制的社会主义生产关系的反映。

一般而言,在一个比较成熟的社会中,反映统治地位生产关系的主流意识形态较为强大，旧意识形态残余与新意识形态萌芽则处于相对弱小的地位；而在社会变迁的历史背景下，思想上层建筑的内部矛盾，就表现为不断发育成熟的新型意识形态与主流意识形态不断斗争，并最终取而代之的进程。如果将这一规律引入制度自信的理论分析中，我们同样可以认为，社会公众会因为自身所处的社会地位，分别认同和信任三种不同的制度，即旧制度、现有制度与新制度。但意识形态领域的斗争极为复杂，旧意识形态残余有时会将自己"包装"为新型意识形态去反对主流意识形态，以达到复辟的目的。就像《共产党宣言》中所指出的那样："封建的社会主义，半是挽歌，半是榜文，半是过去的回音，半是未来的恫吓；它有时也能用辛辣、俏皮而尖刻的评论刺中资产阶级的心，但是它由于完全不能理解现代历史的进程而总是令人感到可笑。"这段话中的"封建的社会主义"，即企图将自己包装成社会主义的封建主义。虽然这种意识形态同样反对资本主义，但它反对的目的是倒退而非进步。

进一步分析，政治制度与制度自信同属上层建筑的范畴，因此它们之间作用与反作用的互动机制将表现得更加活泼与直接。但由于政治上层建筑的结构较为复杂，而且在剥削阶级专政的国体中，其外层结构——政体制度，又带有一定的迷惑性与虚伪性，因此，对于政体层面制度自信的分析反而更加复杂。但如果从社会变革时期各种政治认同所持的态度出发，按照中国政治思想史领域的学者萧公权先生的结论，则大体上也可以分为三种：

其一为称颂已经消亡或正在消亡的政治制度，并力图维持或恢复的政治态度；

其二为承认并拥护现状和发展趋势，为新兴政治制度改革张目的政治态度；

其三为厌恶政治文明本身，反对一切新旧制度，主张退入个人生活并强调自足与自适的政治态度。

以中国先秦时期的政治思想为例，以儒、墨为代表的意识形态期望恢复"三代"旧制的复古主张属于第一类态度，所以儒、墨代表了"封建分封制的自信"；以商、韩为代表的法家诸子期望加强并集中君主权力的专制主义主张为第二类态度，属于"皇权专制的自信"；以老、庄为代表的道家学派从"为我""无为"到"无君"的政治主张，则属于第三类，类似于当今的"无政府主义"。①

需要补充的是，在相对封闭的社会条件下，在新兴阶级夺得国家权力并取得改造政治制度的充分经验之前，无论是革命的实践者还是理论家，都很难创造出一套全新的思想上层建筑。因此，在政治制度发展到一定程度之前就企图设计一整套完善的理论以指导政治制度的建设，将不可避免地带有"乌托邦"色彩。但这种"乌托邦"的构建，在赢得人们的认同与信任层面却具有一定的积极意义，不过这种积极的意义如果没有善加利用，则未必能产生实践上的有益效果。相对而言，在相对开放的社会条件下，当人类各民族与地区的历史都被卷入"世界历史"之后，相对先进的政治理论、政治思想与政治学说就能够在全球范围内广泛传播，如此一来，新兴阶级就可能在革命与建设的实践进程中，较为能动地吸收和借鉴先进思想，并在较短的时间内将其融入自身的意识形态之中，从而借"舶来物"构建自己的制度自信，但在这一过程中，新兴阶级仍需担负将先进思想进行"本土化"的责任。

另外，制度自信作为观念的上层建筑，除了带有较强阶级意味的意识形态，还包含着大量正确反映人类政治生活一般规律的思想理论和观念，任何一种制度想要构建制度自信，都必须充分汲取这些有益的部分。但同时，构成制度自信的主要动力，仍是其自身对于经济基础与政治上层建筑中生产力与生产关系之间、新旧生产关系之间、新兴阶级与统治阶级之间激烈冲突的反映。同时，制度自信

① 萧公权:《中国政治思想史》，商务印书馆 2011 年版，第 27 页。

既然属于上层建筑的范畴,它也必然继承上层建筑"一经产生便具有某种相对的独立性"这一特征。这种相对独立性对于政治制度而言,同样存在着两种推动作用,即同方向的作用与反方向的作用。同方向的作用主要表现在新型的制度自信引领社会公众主动支持和维护政治制度的稳定;反方向的作用则主要表现在,虽然传统的经济基础已经式微,但具有相对独立性的制度自信却由于历史的惯性依然统治着社会公众的头脑。因此,这种惯性既可能阻滞政治制度的改良与发展,又可能在经济基础中重新生成旧的生产关系。

最后,制度自信与政治制度之间的作用与反作用,有些需要通过经济基础为媒介,而有些则可以视为上层建筑的内部运动,按照图2-3所示的分析框架以及本文的论题,笔者将重点研究探讨后者,即近代以来政治制度在以革命理念为基础的自信与以传统理念为基础的自信的相互激荡中的形塑过程。

二、相对独立性：制度自信的分析起点

从系统理论的角度来看,政治制度与制度自信作为社会有机体的子系统,其自身的相对封闭性与自主性不仅构成了子系统功能发挥的条件,同时也成为子系统内部矛盾发展的前提,而这种封闭性与自主性,在马克思主义理论中被精辟地概括为"相对独立性"。

"相对独立性"一词,最早由恩格斯在《路德维希·费尔巴哈和德国古典哲学的终结》一文中明确使用,用于描述意识形态。其后,"相对独立性"这一概念不断发展,并最终用于形容那些由社会物质基础所决定,但同时也能够起反作用的各类范畴。近现代以来,随着马克思主义政治学的不断发展,"相对独立性"一词逐渐聚焦并成为描述政治上层建筑与意识形态重要属性的专用术语。因此,属于上层建筑范畴的政治制度与制度自信,其拥有的相对独立性这一特

征,同样构成了它们作为子系统的相对整体性、自我维持性以及历史继承性的前提。因此,在历史唯物主义范式下社会有机体的分析框架中,以现代系统理论中的层次分析法为研究工具,从各个不同的层次分析和考察政治制度与制度自信相对独立性的起源、历史发展及其矛盾驱动机制,构成了研究制度自信的起点。

(一)政治制度及制度自信相对独立性的含义

恩格斯在《致康·施米特》的信中,按照唯物史观的基本方法,精辟而又深刻地分析了上层建筑相对独立性产生的根源,同时,结合恩格斯《家庭、私有制和国家的起源》这一经典著作进行分析,更有利于我们从具体的历史脉络中去把握政治制度与制度自信相对独立性在社会大系统中发展成熟的历史逻辑。

自原始社会开始,随着生产中出现一定程度的劳动分工,部落中便逐渐产生了组织生产、分配物资以及巫祝医疗等一些不可缺少的公共职能,而被部落指定去执行这些公共职能的人,逐渐脱离物质资料的生产,开始"形成社会内部分工的一个新部门"①。但是所谓原始社会,其实质是由血缘部落或部落联盟所构成的人口稀少、环境封闭的微型社会,在这样的社会中阶级尚未形成,因此人与人之间血缘上的"代际"和"亲疏"构成了整个部落社会最简单的层次结构。同时,由于生产力水平低下、生产生活资料匮乏,部落成员参与劳动与获得生活资料的前提条件,是他在部落这个大家庭中的血缘地位。因此,在"部落=家庭=个人"这一社会心理链条中,部落成员必然将满足部落集体的需要当作满足个人需要的前提,所以在原始社会,个人利益与公共利益无论在心理体验还是在生活实践上都趋于一致。因此,一种自发的、基于血缘关系的"制度自信",在生产力极

① 《马克思恩格斯选集》(第4卷),人民出版社1995年版,第700页。

其落后的状态下，可以将部落成员们团结在一起。所以恩格斯所说的那个脱离了物质生产的新部门，其特殊利益以及由这种特殊利益而导致的相对独立性，在此时还无从谈起。

随着生产力的不断发展、人口数量的增加、部落规模的扩大以及血缘关系的稀释，家庭与私有制在部落社会中逐渐确立，部落成员劳动的动机与目的，开始从公共利益转向家庭与私人利益。这种转移必然导致个人利益与个人利益、个人利益与集体利益产生矛盾，因此，如果按照系统论中"需求决定功能"的理论解释，管理部落公共事务的新部门，由于被赋予了调和成员间利益矛盾、维护集体利益这一新职能而获得了进一步发展的制度需要，但这种制度发展也必然导致公共权力的扩张以及公权力与新部门的进一步结合。由此，这个新部门便因掌握了社会公共权力而跃升为"社会权力部门"，同时，这种社会权力部门的形成过程，本身就是一种由传统、惯例向制度化迈进的过程，而部落成员对于该部门中"掌权者"的认同与信任，则形成了早期制度自信的萌芽。

与此同时，私有制在提高劳动效率的同时，也像一剂"腐蚀剂"，腐蚀着社会权力部门中的部落成员，使得权力部门的成员自然而然地形成了与"授权给他们的人相对立的特殊利益"①。

最终，因为掌握了社会公共权力，这些部落成员便必然要从"部落之中"站到"部落之上"，而整个部门也必然随之独立并最终盘踞于社会之上，此时，不断扩大并被制度化的公共权力，最终也沦为新部门成员巩固地位、强化优势、垄断利益的私有工具，按恩格斯语，"于是就出现了国家"②。同时，为了与原始社会那种"部落＝家庭＝个人"的旧意识形态相抗衡，一种新型意识形态逐渐萌芽并成熟，这种意识形态从根本上"头足倒置"并简化了旧意识形态的心理链条，

---

① 《马克思恩格斯选集》（第4卷），人民出版社1995年版，第700页。
② 《马克思恩格斯选集》（第4卷），人民出版社1995年版，第701页。

变为"统治阶级＝国家",而这种为"阶级国家"提供制度自信的意识形态,在数千年的历史长河中逐渐成熟并完善,直到社会主义新型意识产生后,才被动摇和打破。

通过上述分析,我们能够得出这样的结论:政治制度与制度自信的相对独立性并不是在国家及其相应制度成熟以后才出现的,而是在家庭与私有制出现之前便已自发产生。但是,公共权力是在私有制产生之后才被社会权力部门垄断并用于牟取私利的。因此,私有制才是政治制度与制度自信相对独立性之所以产生的最普遍,也是最深刻的根源,而公共权力这种相对独立于经济基础的"物质力量",也构成了政治制度与制度自信维持自身生存和发展,并反作用于经济基础,乃至反作用于整个社会的最直接的力量。最后,即使在"原始共产主义"被完全废除、私有制以及阶级国家确立后,一种向往和怀念原始社会"公共精神""集体主义"的意识形态,在失去经济基础支撑的情况下依然存在,在个别历史时期及个别地区甚至得到了一定程度的发展,从这一点来看,也可以从另一个角度证实"制度自信"相对独立性的存在。

(二)制度及制度自信相对独立性的历史演进

正如恩格斯所言,上层建筑作为"新的独立的力量",由于具有"一经获得便逐渐向前发展了的相对独立性",则必然要"追求尽可能大的独立性",从而垄断并扩张"新的政治权力"。① 同样,制度与制度自信的相对独立性一旦产生之后,也会在内部矛盾的驱动下按照自身的逻辑向前发展,但这种发展又必然受到经济基础的外部制约。

---

① 《马克思恩格斯选集》(第 4 卷),人民出版社 1995 年版,第 701 页。

1.在阶级国家诞生进程中的形塑

如果说在原始社会,社会管理与生产活动的分离和私有制的产生,共同构成了上层建筑相对独立性的根源,那么,在人类社会跨出原始社会的历史进程中,剥削阶级与被剥削阶级的分化与对立,社会权力与经济权力合流,并从中分离出政治权力,则构成了政治制度与制度自信相对独立性在阶级国家中发展的重要线索。

按照马克思主义唯物史观的分析:一方面,在私有制确立之后,掌握"社会管理权力",即"社会权力"的部落成员必然产生出依靠公共权力摄取私人利益的动机;另一方面,掌握"生产管理权力",即"经济权力"的部落成员,也必然谋求政治权力的庇护,以维护、巩固并提高他们支配经济的地位。因此,社会权力部门成熟和壮大的过程,与经济权力部门对其进行渗透和腐化的过程呈现出同步发展的趋势。当社会权力部门最终与经济权力部门的代表合为一体时,剥削阶级的雏形便产生了,同时,制度化了的上层建筑便开始有能力"反过来对生产的条件和过程发生影响"①,并不断扫除原始社会公有制基础上的旧的生产方式,巩固并维护剥削阶级建立在私有制基础上的新的生产方式。

在阶级国家逐渐形成的历史进程中,社会权力部门与经济权力部门合流后的"部门利益",虽然已经发展为剥削阶级利益的雏形,但还不成熟,因为只有当部门利益最终在制度上被赋予完全的阶级内容之后,国家才有可能成为真正意义上的"阶级统治工具",而权力部门也因为与剥削阶级的结合而发展为一个内有阶级统治实质,外有政治、法律制度形式,并具有意识形态支撑的、结构相对稳定的上层建筑。同时,这种相对稳定的结构不仅为剥削阶级垄断公权力,更为其将原本属于社会公众的社会权力改造为属于剥削阶级的政治权力提供了客观条件。当这种改造完成后,原本公共权力所履

---

① 《马克思恩格斯选集》(第4卷),人民出版社1995年版,第701页。

行的职能分裂为国家的阶级统治职能与社会管理职能,而代表阶级统治的政治权力也随之从社会权力中独立出来。最终,政治上层建筑由于同时掌握了社会权力与经济权力,从而获得了更加巨大的相对独立性。同时,上层建筑也由于拥有这种相对独立性而显得无比强大,甚至强大到"大有吞食整个社会甚至吞食国家之势的高度"①。因此,将剥削阶级的政治地位与阶级权力固定化的过程,构成了整个前现代社会政治制度发展的主要线索,而统治阶级通过宗教或世俗的意识形态,赢得社会大众对于政治制度的认同与信任,则是前现代社会制度自信的构建过程。

2.在资本主义国家发展进程中的扬弃

当人类社会从自然经济时代跨入基于工业生产的商品经济时代后,政治制度及制度自信的相对独立性也随着阶级国家的成熟而进一步发展,并逐渐展现出其"否定"的一面。

建立在商品与资本基础之上的新型私有制,在资产阶级革命进程中不断破坏着人与人之间一切非经济的社会联系,这种破坏虽然从根本上解构了封建宗法制度下的人身依附关系,但也同时削弱了剥削阶级作为一个阶级的凝聚力与统一性。因此,资产阶级国家正如马克思所言,只能是"统治阶级的各个人借以实现其共同利益的形式"②。但另一方面,作为被剥削阶级的无产阶级,却因为与社会大生产相联系而具有了以往一切被剥削阶级所不能比拟的组织性和纪律性,无产阶级的力量甚至强大到足以抗衡甚至超过一切剥削阶级的地步。所以,前资本主义社会中统治阶级通过垄断政治权力来占有经济利益的模式不仅再也无法维系,而且有激化矛盾,甚至"炸毁"整个社会的可能。同时,建立在"君权""宗族利益""教会"等意识形态上的制度自信,也在资本主义强调"个人""自由""因信

---

① 《马克思恩格斯选集》(第4卷),人民出版社1995年版,第171页。
② 《马克思恩格斯选集》(第1卷),人民出版社1995年版,第132页。

称义"的意识形态革命中被逐渐消解。

在诸种因素的综合干预下，掌握政权的资产阶级不得不采用"民主共和制"这个"最好的政治外壳"，从形式上再次将政治权力与经济权力分离。同时，为了进一步掩盖政治权力服务于剥削阶级利益的实质，更将政治权力从形式上"归还"给了社会。最终，资产阶级通过虚构"国家共同体"或"民族共同体"的方式，将资产阶级所掌握的政治权力"普遍化"为超阶级的社会权力，将剥削阶级的利益"普遍化"为超阶级的国家利益或民族利益，这一趋势在资产阶级的各种政治理论与学说中被美化为"文明与进步"。但马克思与恩格斯却从根本上揭露了其实质，一针见血地指出："正是由于私人利益和公共利益之间的这种矛盾，共同利益才采取国家这种与实际的单个利益和全体利益相脱离的独立形式，同时采取虚幻的共同体的形式。"①所以这种虚幻的共同体，既体现了资本主义制度超阶级的虚假一面，也体现了相对独立性随着资本主义国家的发展成熟，趋向于"否定"自身并最终走向消亡的历史必然。

3.在社会主义国家建设进程中的拓进与自觉运用

按照马克思与恩格斯的推断，无产阶级革命打碎资产阶级国家机器之后，代替它的并不是无政府状态，而是无产阶级专政国家。因此，社会主义国家是人类历史上首个新型国家，它是占人口多数的被剥削阶级专政剥削阶级的国家。在马克思的理想中，即使人类进入共产主义社会，国家的消亡也只意味着作为阶级压迫工具的国家而非社会组织管理机构的消亡。因此在社会主义国家发展到一定阶段之后，上层建筑的社会管理职能并不会消亡，但是其相对于经济基础、无产阶级、社会公共权力的独立性则会逐渐消亡，使政治权力在完成对剥削阶级专政的历史使命之后最终真正回归社会。

从历史实践看，社会主义革命并没有在几个比较发达的西欧资

①《马克思恩格斯选集》（第1卷），人民出版社1995年版，第84页。

本主义国家取得胜利,而是在帝国主义的薄弱环节——俄、中等国相继发生并取得成功。可见,现存社会主义国家的上层建筑都是建立在比较落后的社会经济基础之上的。所以,社会主义国家不仅需要应对落后的经济基础以及传统意识形态广泛而又深刻的影响,而且要应对来自外部资本主义世界的强大压力,由此,政治制度与制度自信的相对独立性便具有更加重要与积极的一面。因此,无产阶级国家在社会主义初级阶段,不仅需要在较长时间内维持甚至强化上层建筑的相对独立性,而且更要自觉主动地促进其积极作用的发挥。具体而言,即利用政治制度与制度自信的相对独立性,一方面防止落后的传统政治关系与意识形态复辟;另一方面,又要防止在生产力发展过程中由商品经济所滋生的、基于私有制的政治关系与意识形态的渗透与腐蚀。同时,作为资本主义世界体系中的社会主义国家,维持本国政治制度与意识形态的相对独立性,树立坚强的制度自信,不仅构成了社会主义国家参与改造和建设国际政治经济新秩序的前提,而且还具有推动人类政治文明多样化发展的意义。因此,在社会主义政治文明的发展进程中,必须深刻认识和充分把握历史规律,摒弃上层建筑在历史发展过程中服务于少数剥削阶级、反对人民大众这种相对独立性的消极面,同时发挥其积极作用,从而能动、自觉地改造并牵引社会经济基础的健康发展。

最后需要指出的是,强调维护和巩固社会主义制度与制度自信的相对独立性,并不等同于上层建筑决定论,不是要社会主义国家不顾本国实际超阶段发展,更不是自绝于经济全球化的发展趋势,而是在实事求是的态度指导下,承认当前社会主义国家脱胎于落后社会的客观实际,明确社会主义建设的艰巨性、社会主义初级阶段的长期性,以及社会主义国家所处国际环境的复杂性,以避免重蹈历史覆辙。

三、制度自信历史演化的理论分析

制度自信从根本上说属于意识形态的范畴,更狭义地说,是一种关于社会政治、经济制度的意识形态,因此,制度自信必然紧紧围绕着制度的具体形式不断发展。既然要发展,那么,它就不可能是静止的,而是处于一种动态的变化之中。

如果社会系统始终处于一种变化的状态,那么要准确描述社会有机体的当前状态,就必须不断地往前追溯,在"寻根之旅"中把握当下。用更形象的比喻,即要搞清小麦与水稻间区别的原因,只能从它们的种子或基因中去寻找。

如此一来,人们不禁要问:这种对传统进行追溯的尽头在哪里?或许,在神学家的学说里,这个秘密隐藏于上帝所造的"第一因"中;在社会学家的理论里,这个秘密隐藏于历史无法考证的"初民社会"中;而在进化论者眼中,这个秘密甚至可能存在于百万年前的原始丛林中,存在于猿人甚至猴子蒙昧的"社会"结构之中。但在我们看来,这种对传统不加限制地进行追溯所收获的成果,要么是一套宏阔的单线式发展理论,要么是一种似是而非并且无从检验的假说。那么,如果要对中国特色社会主义制度与制度自信的构建进行历史追溯,它的起点到底应该在哪里?总应有一个更加合理的开端吧!对,就是关于"开端"的问题。汉娜·阿伦特《论革命》中所称的那个由革命造就的"新开端",标志着一个社会的新生初啼,并且使新的时代"与它之前的一切泾渭分明,仿佛隔着不可逾越的鸿沟"[①]。

那么,开端之前的旧制度残余在新的时代如何存在?革命所造就的新制度,真的是完全脱离传统的"新"东西吗?当传统换个面貌渗入革命,或者当革命自身积淀为一种传统时,政治制度以及建基

---

① [美]汉娜·阿伦特:《论革命》,译林出版社 2007 年版,第 9 页。

于其上的制度自信所表现出的种种特征,到底该归诸传统还是革命? 对于这些问题,似乎又要回到历史中去寻找答案。但换成这种方式来提问,至少大大缩短了向前追溯的时间跨度,也使原本模糊的问题显得更加清晰,即旧制度及其自信积淀而成的诸种传统因素,与革命所带来的诸种新特征,如何在一个社会的现代化进程中互相激荡、冲突与融合,并最终在它们的合力影响下,共同形塑出一种与经济基础、政治制度相适应的、新的制度自信的过程。对于这一问题,不同立场、倾向、学派的理论家与实践者都有自己的答案。有些理论认为,革命并不能带来什么"新"的东西,甚至根本不承认人类历史上存在任何具有进步意义的暴力革命,有的只是政体的循环演变;另一些理论则认为,任何传统的东西都是社会发展的障碍,要想创造出一个崭新的社会,就必须通过暴力革命扫除传统中的陈旧之物;还有一些理论虽然不那么极端,但由于调和与折中而显得矛盾重重。因此,在研究与分析制度自信历史形塑机制的过程中,为了从纷繁复杂的各种学说与理论流派中提取出有价值的观点,并在此基础上进行更深入的探索,笔者在此借助了一种在国际政治研究领域初创并已发展成熟的研究工具——意象(image)分析法。

意象分析法是一种基于系统理论的层次分析法,更具体地说,是将各种纷繁复杂、相互联系而又彼此矛盾的观点进行梳理、评估,并归纳为两种或两种以上被概括为"意象"的理论体系(图景),最后在对各种意象的优势及缺陷进行比较分析的基础上,综合出一种更接近于事实的意象。正如上文所述,关于制度自信历史形塑的理论,自古以来便存在着两种深厚却又彼此对立的意象:基于"传统"的制度自信与基于"革命"的制度自信。

以下,作者就从这两种意象所产生的意识形态特征、社会条件及其在一定条件下的对立、统一与综合进行更深入的探讨与分析。

（一）制度自信的意识形态分析

要将诸种不同的理论、主张与学说归置于两到三种不同的意象，必须首先分析或至少预设其"类的本质"，而对属于意识形态范畴的制度自信而言，其类的本质具体表现为它在认识论基础上的特征。这种特征一方面构成了意象的逻辑起点与理论渊源；另一方面，随着实践经验的积累，意象本身又丰富着由这一特征所决定的理论内容，并最终形成意识形态层面的主要特征。基于"传统"构筑的制度自信与基于"革命"构筑的制度自信，作为两种呈现出较强张力与冲突的理论体系，如果仅仅比较分析各流派或学说在结论上的分歧，势必被其纷繁炫目的复杂性迷惑，因此，要找出它们彼此间根本性的内在冲突，同样必须从其认识论基础上的根本分歧与对立中去探寻。

1.必然性：基于革命构建制度自信的意识形态特征

从词源学的角度看，"革命"本是天文学范畴的术语，指天体有规律的旋转运动。因此，"革命"一词最初自星空降临大地并被征引来隐喻人间政治事务时，蕴含了它自身所带有的三大根本特征：

（1）革命与天体运动一样，是一种不可抗拒的自然规律；

（2）革命同天体转动的模式相同，是一种循环往复的周期性运动；

（3）革命的推动力与天体运动的原因一样不得而知，是由神秘的力量所推动的，其成功与否与人的主观意志无涉。

因此，早期基于革命所构建的制度自信认为，政治制度应该像星体一样在一定轨道内按自身规律进行循环往复的周期性运动。但如果种种迹象显示政体偏离了预定轨道，那么政权便会随之失去正当性，由此所导致的结果，便是在天命的关照和伟大且神秘的力量的推动下，革命作为一种手段将其颠覆，使其回归正轨。因此，革命在政治学范畴内的原初喻义并不包含创新意味，而是如托克维尔所言,革命的目的不是推翻旧政权,而是旧政权的复辟。所以,无论是中国早期的"汤武革命",还是西方晚至 1688 年的英国"光荣革命","革命"一词所描述的重点,并不在于改朝换代或政体更迭,而在于强调恢复政治统治的原本秩序,从而重新取得正当性与合法性。因此,从原意看,"革命"一词在意识形态上似乎比传统更加复古和保守,而且这也反映出,如果从与过去的联系来看,并不能分辨出传统与革命之间的分歧。

随着历史的发展,尤其是在西方文艺复兴及启蒙运动之后,神与世俗政治生活逐渐疏离,因此原来借用天体运动为旧制度提供制度自信的"革命"一词,也随着整个西方世界的"祛魅"过程而被赋予了全新的内涵。首先,由于宗教性的神秘力量已不再能构成推动制度回归正轨的有力解释,人在革命中的主体性地位随之增强,人的主观能动性不仅不再与革命的成败无涉,而且革命中"人"这个字本身所指涉的对象,也不可避免地由领导个体、精英群体扩大为人民大众。由于启蒙运动之前关于革命的制度自信意象中,领袖权力的合法性与正当性由"神"或"天"授,但在启蒙运动之后,这种权力则来自并且只能来自人民大众。因此,也只有在启蒙运动之后,人民大众才可能真正自觉地认识到革命是自己的事,由此,革命原初意象中的第三个特征——"革命由神秘力量推动,并与人的主观能动性无涉"这一条被启蒙运动消解,而制度自信中极为重要的一条——"皇(王)权神(天)授"也随之破产。

随后,由于工业革命所引发的社会生产力的爆炸式发展,无论在自然科学还是社会科学方面,人类都已经发展到了这样一种程度:一部分先知先觉者开始真正意识到,社会正在发生着一种巨大的、在历史上并无经验可循的,并且是不可逆的全新变革,而这种社会变革所导致的重大结果,是人们再怎么努力也无法回到田园牧歌式的"封建理想"中去了。这种工业革命给人带来的冲击与心理体验,必然会对革命的原始意象造成巨大的冲击，首当其冲的，便是革命所蕴含的第二个特征——周期性，即柏拉图学说中的"大年"①。由此，在人类社会的新起点上，推倒旧制度，开辟一个与之相适应的、人类历史上从未有过的新制度，并且新制度必然优于旧制度，便构成了近代基于革命构建制度自信的全新内容。

通过上述分析我们能够看到，革命原意中所蕴含的三个特征，最终只剩下了一个——不可抗拒性。换言之，即在可变的社会历史发展进程中必定存在着某种不变的历史规律，这种规律导致政治上层建筑的演变也蕴含了一定的必然性，在这种必然性关照下的革命，即使不是单线的，即使存在前进、曲折和倒退，也总是朝着一个固定的目标波浪式地推进，而这种前进的趋势，也依然是人的意志所不可抗拒的。因此，基于革命构建制度自信的整个历史进程中，唯一不变的就是对于这种不可抗拒的必然性的认可，而这也构成了"革命"一词在认识论基础上一以贯之的显著特征。

2.或然性：基于传统构建制度自信的意识形态特征

"传统"一词通常在保守主义理论中扮演着核心角色，从某种意义上说，作为一种政治信条或意识形态的近代保守主义学说，作为革命的对立面，其发展与柏克、托克维尔等人对于法国大革命的反思与批判密切相关。但正如上文所言，从认识论基础的角度切入分析，基于革命构建的制度自信不仅不包含反对传统的特征，在某种程度上，尤其是在革命的原初喻义中，还将传统中的旧制度视为神圣的"原点"。因此，是否具有复古倾向并不构成基于传统的制度自信与基于革命的制度自信的根本分歧。既然如此，基于传统构建制度自信，其认识论层面上的特征又表现在何处呢？

---

① 柏拉图的国家学说认为，一个大年由 36 000 个小年组成，而在这个大年中，人类政体经历了一个兴衰交替的过程。

在不同的历史阶段、不同的语境甚至不同的学科中,保守主义所宣扬的传统具有完全不同的含义,但如果从政治哲学的范畴来考察,这种传统通常强调尊重人类历史积淀下来的既有制度与价值体系,简要地说,即主张尊重现状。因此从各种典型的保守主义理论中分析现状、传统与革命之间的联系,有助于我们把握传统意象的根本特征。

梁启超作为清末民初在政治理论上与革命派针锋相对的"旗手",非常精辟地将传统与现实的联系概括进了"国性"一词中。他首先认为,所谓"国性",即一个国家之所以"立于天地"的一种社会或民族特性,并且认为,"无国性者,则自始不能以立国。国性未成熟具足,虽立焉而国不固。立国以后,而国性流转丧失,则国亡矣"。此处的"国"既可以指"文化",也可以指"政府",但归根结底,其必然归属于上层建筑的范畴。紧接着,梁启超又论证到,"国性"不仅与"国运"紧密相连,而且它也并非一成不变,而是始终处于形成、发展或者消亡的状态之中。因此他最后得出的结论为:"国性可助长而不可创进也,可改良而不可蔑弃也。盖国性之为物,必涵濡数百年而长养于不识不知之间。虽有神圣奇哲,欲悬一理而咄嗟创造之,终不克致。"因此在梁启超的传统意象中,"国性"包含了三个特征:首先,"国性"并非一成不变的东西,而是不断发展变化的;其次,"国性"即使不是"不可知的",至少也是"不易知的";再次,"国性"是社会在传统中自然养成的,而非"圣贤"或"社会工程师"所创设的。由此,在梁启超的语境中,基于传统所构建的政治制度与制度自信,无论在路径还是方式上,都必然与革命意象中的"必然性"产生相当的矛盾。

相较梁启超而言,西方保守主义学派的理论家们对于革命的意象,则显得更加怒气冲冲,其中尤以波普尔为典型,其论著更将"历史主义"视为"开放社会的敌人",并企图在方法论上解构整个革命意象。在《历史决定论的贫困》以及《现代社会及其敌人》中，波普尔从哲学、自然科学以及历史经验等各个角度展开，试图论证无论是柏拉图的理想国、黑格尔的历史哲学，还是某些理论家曲解马克思而得出的机械式的历史决定论，都是以一种宿命论取代另一种宿命论。然而随着自然科学的发展，基于量子力学的"测不准原理"①已经从方法论上根本颠覆了科学领域任何精确研究的可能。因此，波普尔最终得出这样的结论：基于历史经验所得出的规律，要么其理论假设面临无法证实也无法证伪的尴尬境地，要么其推理逻辑难逃循环论证的陷阱，因此就社会科学而言，理论发展全然是基于"或然性"的归纳与演绎，在社会实践活动中，即使是对最简单因果律的运用，也只能推导出"或然性"的结论。由此证明，任何按照某种明确蓝图而对社会进行大规模改造的结果，不仅可能无效，甚至可能会带来巨大的灾难，所以在传统意象指导下的社会实践，应该是一种"渐进社会工程"，即以现状为基础，对社会进行"微小的""可逆的"变革。

综上所述，波普尔这种从方法论上对革命意象的攻击，十分鲜明地显示了基于传统与基于革命构筑制度自信的巨大分歧。因此从根本上说，传统意象的形成与发展带有浓厚的悲观主义认识论的色彩，并且认为在政治制度的设计上，人类很难用一套绝对真理来构建整个知识体系以指导政治实践，只能在历史实践中寻找较为符合现状的意见，从而最终显现出传统意象自身认识论基础上的主要特征——或然性。

---

① 所谓基于量子力学的"测不准原理"，简要地说，即为在物理实验中，观察者与被观察者之间必然会产生某种能量交换，而这种不可避免也无从测量的能量交换，必然导致数据统计上的偏差。而波普尔认为，在社会科学研究上这种能量交换会被放大许多倍。

（二）历史发展中的矛盾分析

基于革命与基于传统这两种制度自信的意象,如果在其封闭的认识论基础上向前发展,必然走向各自的极端。换言之,基于革命构建的制度自信在具有乐观主义倾向的必然性理念推动下,最终将会形成各式各样的宿命论。相反,基于传统构建的制度自信则会在悲观主义倾向制约下,始终徘徊于怀疑论与不可知论之间止步不前,甚至彻底否定政治文明而完全退入个人生活或主张无政府主义。然而,正如马克思所言,矛盾双方在对立统一的运动中必然互相渗透、互相包含,甚至在一定条件下互相转化,因此,当这两种不同的制度自信意象作为一对存在对立关系的意识形态,在整个历史发展进程与政治实践的指导中也呈现出针锋相对的矛盾运动。但是,也正是通过这种矛盾运动,两种意象在抗辩的过程中不断汲取对方理论中的有益部分,剔除自身理论中的糟粕,从而推动各自体系的不断丰富与完善。

1.“目的地”:两种制度自信关于目标问题的分歧

“人类将要往何处去? 他们的目的地又在何处?”这是困扰着每一名社会科学工作者的根本难题。而为政治上层建筑提供合法性支撑的意识形态,基于革命的制度自信与基于传统的制度自信也同样面临着与之相关的根本问题,即:人类政治制度的发展是否存在一个最终的目的地? 由于对必然性理念的坚守,革命意象阵营中的人们通常持肯定意见,认为这个目的地或在未来,或在远古,或在彼岸,但毋庸置疑的是,它必定存在于某个时空。相反,在传统意象中,对或然性的坚信致使他们悲观地认为,即使这样一个目的地确实存在,也终究无法被人类所认知。如果说此处的“目的地”一词作为隐喻而显得过于模糊和抽象,那么这个根本命题可以被具体化并简化为:人类的政治制度是否应该在一种客观规律或一套预定蓝图的指导下进行发展? 更具体地说,人类是否能够在理性指导下建成一套完善的政治、法律制度？由于在这个问题判断上的分歧，革命与传统这两种制度自信在关于制度变革研究的方法论上产生了明显的对立，而在政治学说史上围绕着这种对立展开的矛盾运动，被萨拜因概括为"自然与约定的对戏"①。

2."自然与约定"②：制度自信矛盾体的产生、调和与发展

亚里士多德最早提出："政治的公正有些是自然的，有些是约定的。自然的公正对任何人都有效力，不论人们承认还是不承认。约定的公正最初是这样定还是那样定并不重要，但一旦定下了……就变得十分重要了。"③因此，任何一个人类社会都同时运行着两套在本质上全然不同的"法规体系"，即后来波普尔概括的自然法则体系与规范性法则体系④。所谓自然法则体系，是指将自然界中存在的严格而又永不变更的因果律引入人类社会，并以此为原则所制定出的法规体系，如"王权神授""天赋自由""生来平等"等等；所谓规范性法则体系，则是指基于功利性目的，由人们之间相互约定，且一旦约定之后便要强制执行的、用于规范人们行为的社会法规体系，也被称为"约定法规体系"，如"买卖公平""度、量、衡"等等。

无论是自然法则体系还是约定法则体系，只要被普遍化为规范社会成员的行为准则，都不可避免地趋向于制度化。因此，即使在人类文明早期，为了避免人们因违反自然规律或破坏部落秩序而招致不幸，部落首领或巫祝人员就开始颁布各种各样的行为"规范"，其中有些是要求人们做什么的"积极规范"，有些是禁止人们做什么

① ［美］萨拜因：《政治学说史》，上海人民出版社 2008 年，第 63 页。
② 本章关于自然与约定的概念，借用了波普尔《开放社会及其敌人》第 1 卷第 5 章中的相关定义，但在分析与论述这两个概念的历史发展进程时，本文却与波普尔的观点与论证方式存在着根本性的区别。其关键之处在于，波普尔始终强调，约定属于一种符合现代开放社会的进步观念，而自然则是一种落后的封闭社会的观念，笔者却认为自然与约定属于政治理论发展中既相互对立，又相辅相成的一对思想倾向与观念。
③ ［古希腊］亚里士多德：《尼各马可伦理学》，商务印书馆 2003 年版，第 149 页。
④ ［英］卡尔·波普尔：《开放社会及其敌人》，中国社会科学出版社 1999 年版，第 120 页。

的"消极规范",这种通过"制度化"的过程所构建的规范,可以被视为"法的雏形",并通常被归置进一套神秘的"禁忌"之中,而这套"禁忌"就构成了最早的制度。同时,部落成员之所以"认同"这套"禁忌",源于大自然或部落其他成员的惩罚,因此,人类祖先最早对于触犯禁忌必然招致惩罚的观念,构成了原初"制度认同"的逻辑起点。然而正如上文所述,在人类社会早期,即使是部落首领或巫祝人员自身,也无从分辨这套禁忌中自然法规与约定法规之间的区别。与此同时,部落成员在触犯禁忌而面对自然或社会所施惩罚遭受痛苦时,无论是在身体经验还是心理体验层面,也无从区别它们间的不同。因此在这一阶段,人类社会的制度认同还处于一种"朴素一元论"的指导之下。

随着人类文明的发展与部落规模的扩大,部落与部落之间开始出现交换或战争等各种形式的交流,而当这种交流日益密切时,人们会逐渐发现各部落间的"禁忌"存在着不少差别,尤其是当人们发现,触犯了某些"禁忌"之后所遭受的惩罚,有些来自自然界的神秘力量,有些则来自部落其他成员,而在触犯其他部落的禁忌时,甚至根本不会遭到惩罚。当这种自然惩罚与社会惩罚的区别逐渐被人的经验体悟之后,统一在禁忌规则之下的"制度认同"出现了裂痕,并最终分裂为代表自然法则的、由"朴素自然主义一元论"提供的制度,与代表规范性法则的、由"朴素约定主义一元论"提供的制度。由此,自然与约定开始正式在意识形态发展的历史舞台上展开角逐。构筑于自然主义一元论基础上的制度自信,不仅要求社会成员将自然视为"真理"或"实在",而且认为社会规范的原则必须出自并符合自然规律,其中典型的代表人物是古希腊哲学家毕达哥拉斯、赫拉克利特以及安提丰等;而构筑于约定主义一元论基础上的制度自信则恰恰相反,认为自然不仅与人类社会无涉,而且正是因为人们之间的约定,才使人类社会摆脱自然界那种野蛮的丛林状态而进入文明，其中典型的代表人物有普罗泰戈拉、德谟克利特、梭伦以及伯利克里等，其中以普罗泰戈拉的观点最具代表性。他认为，"语言、风俗习惯和法律这些人类建构并不具有禁忌的神秘性质，是人的创造，不是自然的而是约定俗成的"①，"万物的尺度"是"人"而非"自然"。

可以说，朴素自然主义一元论与朴素约定主义一元论，代表了自然与约定的两个极端，而在由这两极所构成的理论连续谱中，一种较为折中的理论渐渐取得优势。这种理论无一例外地、自觉或是不自觉地引入"人格神"，并将其作为帮助人们构建制度自信的合法性源泉，而且，大部分部落往往引入一群有等级秩序的"人格神"或"半神"，但信仰诸神的人们或许自己都没有意识到，统领自然与人类的这位或这群神，其实是一种介于自然与人之间的虚构物。人格神因为其"神"性所在，代表着自然规律的真理性与永恒性；同时，神或者半神们的"人格"属性，又使得他们拥有着与人相似的意志与情绪，所以社会规范与约定的可变性又能够得以解释。更加难能可贵的是，这种人格神相较于风、火、雨等自然神而言，更容易被人亲近和理解，也正因为这样，神所创设的自然规律与法才能够被人认识。由此，原先鲜明对立的两种一元论，现在由于神的"介入"被混成了一种二元论，两种制度自信的矛盾冲突也就暂时被调和并从外部转入内部，而这种将神法、自然法以及人定法调和折中的气质，也最终在去偶像化的基督教取得统治地位之后的西方世界逐渐培育与巩固起来，并成为西方整个中世纪神学政治理论发展的典型特征。这种理论的代表人物有塞涅卡、奥古斯丁以及阿奎那等，其中尤以阿奎那在其《神学大全》中所阐释的关于永恒法、自然法、神法以及人法之间的关系为标志。因此，通过神与宗教信仰，为某种具体的制度提供认同，可以说是阶级社会构建制度自信路径上的一次"飞跃"。

① ［英］卡尔·波普尔：《开放社会及其敌人》，中国社会科学出版社 1999 年版，第 342 页。

从文艺复兴及启蒙运动开始,自然法学派与约定法学派即从两个不同的角度,向神学政治论的统治地位提出挑战。自然法学派手中的理论武器不仅有从古希腊、古罗马时期便开始发展起来的自然哲学与自然法体系,更重要的是自然科学的高歌猛进也为其提供了强有力的自信与方法论支撑;与此相对,约定法学派手中掌握着在世俗社会中并未间断发展的罗马法体系,同时,社会科学中发展了的经验主义,以及在与神学理论斗争过程中进一步发展出来的怀疑主义,均为约定法学派提供了方法论层面的支撑。在两股力量合力的作用下,神学政治论逐渐淡出历史舞台,但是,失去了"神"的庇护与调和,自然与约定之间的对立与矛盾便重新开始尖锐起来,并在法国大革命前后达到高潮。而在这波革命浪潮中,无论是资产阶级还是无产阶级,想要构筑新制度,并且让大多数人认同与信任新制度,便不得不从自然学派与约定学派中汲取有利于本阶级的观点。

自然学派的理论家在自然界与社会之间架起了一座被称为"理性"的桥梁,他们将理性推上了至高无上的神坛,认为既然自然规律能够为人的理性所发现并把握,那么社会规律同样如此;更进一步说,人们不仅能够发现社会规律,而且能够在这种规律的指导下建立一个基于"科学"与"理性"法则的完美社会。这种来源于自然的"理性"在各种乌托邦学说、社会整体理论、机械唯物主义甚至黑格尔式的唯心主义理论中,均扮演着十分重要的角色。

约定法学派并不单纯反对理性,而是通过经验主义与怀疑主义等方法,论证自然学派语境中的理性,其实是由自然理性、因果律以及价值这三种不同的要素所构成,并且从以下两个方面对理性进行解构:首先,在自然科学领域中纯数学和逻辑的发展,并没有揭示社会科学中的任何规律,只是提供了研究或描述社会的手段,因此,社会科学中的因果律仍然只能依靠归纳或演绎这两个基本手段来探寻,但由于人类掌握的知识与经验的局限性,这些因果律只具有或然性意义上的价值。其次,相对于"真"这一客观价值而言,"善"与"美"以及"幸福"等主观价值对于不同的人具有不同的意义,并且个人的主观价值在不同的时期也会发生不断的变化,因此,即便"理性"能够把握客观价值,也无法或根本不应该用来统一人们的主观价值,因此用永恒不变的自然法来约束社会生活,并不能被证明是合乎"理性"的。

实事求是地说,自然学派与约定学派之间的斗争,即使在今天也并未,或说不可能分出胜负,而自然与约定作为一对贯穿于整个政治理论发展史中的矛盾,它们之间的对戡几乎能够体现在任何一次政治理论或实践的斗争之中,而且在各种形式的斗争中,它们也以不同的面貌出现。因此,革命意象与传统意象作为两种互相对立的制度自信理论基础,也必然同自然与约定之间的矛盾冲突产生极为紧密的关联,并且在革命实践的推动下进一步发展。

3.比较分析:自然学派的制度自信与约定学派的制度自信

传统意象与革命意象作为制度自信在构筑过程中的理论源泉,两者最大的分歧之处,莫过于如何看待政治制度的发展与变迁,而自然与约定作为整个政治理论发展史中的矛盾体,其分歧与发展也必然会映射到这对意象之中,并具体表现在两者关于制度变革的目标、路径以及正当性等方面的论争之上。

(1)从政治变革的目标进行比较分析

正如上文所述,政治理论中的自然学派认为人类文明必定拥有一个"至善"的目的地,而与这个目的地相配套的,必定是一套完善的、互相之间有机联系并且和谐运转的政治制度。换言之,这套社会制度不仅是人类文明发展的目标,而且也构成了指导整个政治上层建筑重建的蓝图。客观地说,这种观点并无多少新意,无论是柏拉图的"理想国"、奥古斯丁的"上帝之城",还是孔子的"周礼",都已从世俗或宗教的角度阐发了这一理想,但有所区别的是,在自然学派摆脱了神学政治论的桎梏之后,规划这套蓝图的"权力"由接受"神谕"的教会或"神选"的君王那里,转移到了"理性人"的手中。当然,持有自然观点的政治理论家或实践者们,在按照蓝图改造甚至重建社会制度时并不拒绝调整他们的策略或是修改他们的计划,但这种调整与修改的对象绝不能指向那套具有本体论意义的蓝图。换言之,黑格尔所描述的那种"神自在地上行走"的国家之"绝对精神"①绝不容许,也绝不会出现问题,偏差只能出在人们对完美蓝图的理解或执行的过程中,所以这种修改只是针对偏差所做的一种修正或弥补。因此从制度变革的目标来看,自然学派的理论中无论是政治变革的目的地,还是指导政治变革的蓝图,都不可避免地带有某种永恒性与不变性的特征。由此不难看出,这种特征在制度自信的构筑过程中,将会比较自然地与革命意象的必然性特征产生亲和感,所以基于革命的制度自信意象往往受到自然学派及其理论的深刻影响。

相反,约定学派的理论家与实践者们坚信人类理性的局限性,认为人的理性只是一种有限理性,而人造之物必有缺陷。因此,在这类人的头脑中即使存在着某种社会理想,他们也会强调理想距离现实的遥远性,他们不承认任何关于人类遥远未来的判断或预言。如果说自然学派与革命意象所主张的那种社会理想或终极目标能够为人提供某种精神支柱和动力,那么,约定学派则通常带有一种较为悲观与虚无的气质,并容易滑入怀疑主义与不可知论的泥沼,进而认为任何远大的社会理想以及为了这种理想所做出的努力,不仅是不切实际的,而且带有极大的风险,可能付出极大的社会成本。因此,约定学派倾向于反对一切大的、激进的社会改造。所以从制度变革的目标层面来看,约定学派中的怀疑论、不可知论等特征,与基于传统构建的制度自信意象在认识论基础上的或然性特征紧密

① [德]黑格尔:《法哲学原理》,商务印书馆 1961 年版,第 259 页。

联系,因此,传统意象往往更容易接受约定学派及其理论的影响与主张。

(2)从制度变革的路径进行比较分析

传统与革命的意象在制度变革目标层面存在的分歧,必然导致两者在变革路径,即变革道路上产生更加具体的对立。在自然学派看来,制度变革既然有一个明确的目的地,那么,为了实现目标,所有行动都必须符合计划并且一以贯之,而且只要目的是理性的,那么,达到目的所采用的各种手段也自然是理性的。更深入地分析,这一主张在哲学基础上继承了亚里士多德的"目的因",即认为任何发展中的事物的本质,与它发展的目的或最终状态是同一的,国家与政治制度同样如此。如果说得更具体一些,即:制度变革的目标既然是建成一个"理想国家"①,那么要达至这一理想便需要有一套与之相适应的"路线图",或曰"总体规划",这套规划既包括了行动的原则,又包括了建设的阶段与步骤。随后,人们按照总体规划确立各阶段具体的目标与可操作的行动计划。由于"理想"是与"现实"相对而言的一个词,因此,理想愈是美好便愈衬托出现实的丑恶,那么,为了追求美好消灭丑恶,方式或手段激进一些并不损害合理性或正当性,因此归根结底,基于革命构建的制度自信,其源泉必然是远大的社会理想。同时,既然"理想国家"是基于理性的一种"历史必然",那么建设理想国家的第一个步骤,或曰"前提",便必然是"除恶",即摧毁现存的政治与社会制度。更全面地说,是摧毁包括旧政权、旧意识形态在内的整个旧的上层建筑。但是,上层建筑根源于社会存在,因此,夺取政权之后的第二个"理性"行动便是对旧的社会存在进行涤荡,对旧的社会结构进行改造,从而为新社

---

① 各种不同自然学派理论中的"理想国家"存在着很大的区别,其原则既可能是"自由",也可以是"平等",更普遍、抽象的同时也最有号召力的是"幸福";其形式既可以是等级森严的哲学王城邦,又可能是人人平等的共和国,甚至可以是没有任何权威机构的无政府国家。

会的建设铺就道路。这种自然学派逻辑推导下的社会变革路径，与革命意象中的各种主张惊人地一致，因此，自然学派关于政治变革路径的描述，往往容易形成各种乐观的、积极的，但同时又相对激进的诸种革命学说。这些学说不仅为革命前夜忍受残酷阶级压迫的被剥削阶级提供推翻旧制度的动力，同时也为他们构建一个崭新制度提供自信的源泉。

相比较而言，约定学派关于政治变革路径的描述与自然学派截然不同。约定学派由于对传统所积淀的现实以及既成制度的尊重，倾向于反对任何大的社会或政治变革。其反对的理由主要来自两个方面：首先，由于对社会科学领域内因果律的排斥，他们不大相信任何关于稍远未来社会的预言，因此，对于重大变革所带来的有益结果必然持极大的怀疑态度。其次，在他们看来，任何大规模破坏当下约定的行为，尤其是破坏现有政治与社会制度的变革都得不偿失，而且，即使理想国家能够被确凿地证明，约定学派也反对为了未来而牺牲当代人的固有权利。因此，他们对于大规模的社会改造运动本能地持有一种反感的态度。但是约定学派也并非全然拒绝变革，他们认为政治变革唯一可取的路径是渐进式的，或曰改良的路径，这种变革，如波普尔语，是"找寻社会上最重大最紧迫的恶行并与之斗争"①。如果仅从字面上看，这一表述与革命意象中的第一阶段并无任何区别，但在约定学派眼中，革命意象中变革的起点即为自己变革的终点。消灭了制度中突出的恶行或缓和了矛盾，制度变革便算是完成了，再没有后续的社会改造，更没有远大理想的追逐与奋斗。而且这种斗争只是针对"零星问题"的斗争，即使有计划、有步骤，也只是针对整个政治结构中的某一具体制度进行改革，而改革的路径最好是在体制框架内，经约定诸方的商谈、妥协以及同意而共同修改旧的约定，达成新的约定。即使矛盾不可调和，也要

---

① ［英］卡尔·波普尔：《开放社会及其敌人》，中国社会科学出版社1999年版，第293页。

把暴力运动与社会动荡控制在最低的限度之内。因此,切换成功利主义的语言来阐释,如果说自然学派的积极主张旨在追求"最大多数人的最大幸福",那么,约定学派所争取的只是减少"最大多数人的最大苦难"这一消极主张。而如何维护社会稳定与秩序,减少政治变革,尤其是与之相伴随的暴力给社会带来的动荡,也就成为约定学派对于政治变革所选路径的题中应有之义。由此可见,在路径选择上,约定学派与社会变革中保守的传统意象呈现出几乎一致的相关性,而在约定学派影响下的传统意象,也充分地表现出消极但又相对温和的理论气质。因此,综合分析约定学派的基本倾向可以认为,建基于传统的制度自信将"安全"与"稳定"视为人们幸福的基础,并以此为现有制度提供自信的源泉。

（3）从制度变革正当性的阐述进行比较分析

在传统与革命两种制度自信的意象中,关于制度变革正当性的论争,不仅关乎理论的彻底性,而且决定着哪一种理论体系更能吸引群众、掌握群众,并最终转化为实现自身政治主张的物质力量。

早期自然学派认为,人类社会的政治生活必须反映神的意志或自然规律,换言之,即认为神的意志或自然界本身的固有法则构成了整个人类正义法则的参照系。因此,人类政治秩序应由"神法"和"自然法"来规制,而人类只能在它们的启示下总结出几条反映它们要求的原则,并在这些原则的指导下,制定出相应的制度,而构建制度以及变革制度的正当性,则取决于制度本身在演变与运行的过程中是否遵循这些原则。

在启蒙运动中经历了"祛魅"过程后,自然学派的正义观并没有在本质上发生变化,只是更换了一套参照系,即以自然理性或历史规律取代了原先神的意志与自然规律。因此,近现代受自然学派影响的政治理论家或实践者依然认为,如果制度变革的趋向符合自然理性,遵循历史规律,那么这种变革就不仅是正当的,而且也是革命的;否则便是不正义的、反动的,并且最终也会在自然理性或历史规律必然性的作用下遭受惩罚并最终回归正轨。

相反,从约定学派的观点来看,尽管他们未必否认神的意志或自然理性的存在,但他们对神的意志与俗世运转之间、自然理性与社会构建之间的联系,均持有相当的怀疑态度。因此,他们一方面相信正义即为尊重并维护人与人之间互相缔结的契约(这种契约在社会公共领域呈现为"人定法"的外观,因此,人只要生活在某个社会之中就必须尊重与服从该社会依然确立的各种制度),另一方面也认为,由"契约"构成的制度,其本质是人与人之间的约定。既然是人造之物,其必然存在着诸多缺陷与不足,所以尊重与服从制度的正义,只能是一种"相对"正义。在约定学派的理论体系中,造成"非正义"的可能性有两种:其一为制度本身这一"约定体系"的缺陷所导致的非正义,其二为人们触犯或违背"约定体系"所导致的非正义。约定学派在处理这两种非正义时,通常采取两种截然不同的态度。关于第一种非正义,约定学派倾向于采取辩护的态度,他们一方面回避"阶级矛盾"这一造成政治制度非正义性的根本动因,另一方面以历史"合理性"或"人类理性的局限性"为说辞,为阶级统治需要所构建的政治制度进行辩护。关于第二种非正义,约定学派则通常持鲜明的批判立场,认为触犯或违背现有的政治、法律设施必然是非正义的,而推翻或大规模改造固有的政治制度更是一种极大的罪恶。因此,关于制度变革,约定学派通常持极其谨慎与保守的态度。在他们看来,人们必须对传统积淀下来的制度设施抱有敬畏之感,对这些设施维持下的秩序与安宁抱有感激之情,如果政治制度中某些缺陷真的到了难以忽视的境地,那么也只有在社会各阶层达成共识的前提下,在制度框架内进行政治变革才具有正当性。因此,约定学派与传统意象关于政治变革正当性的阐述与立场通常保持一致,而与自然学派和革命意象的立场处于对立的境地。

最后需要指出的是，革命的制度自信意象与传统的制度自信意象既然是诸多理论在某一倾向上的"集合"，那么它们内部所包含的各种学说与理论之间也必然会存在很多分歧与矛盾，而某一种具体的学说，通常也会同时受到自然学派与约定学派的双重影响。以潘恩为例，代表激进主义的潘恩及其学说通常被归于典型的革命意象，但即使是潘恩，在其《理性时代——对于真假神学的探讨》中，也不得不承认"人类理性有很大的局限性"这一约定学派的观念①。而柏克那本代表保守主义的经典著作《法国革命论》也认为，自然法是铭刻在人们心中的永恒不变的律则，自然法问题就是道德原则的真实性、优先性、普遍性和永恒性问题②。因此，本文以上的比较分析以及下文中对各种理论与学派在两种意象中的归置，主要的根据是其认识论基础中的特征与总体倾向，并不代表两种意象中的诸种具体理论之间的绝对对立。

（三）现代化进程中的社会分析

从狭义上说，人类社会在近现代的剧烈变迁，是指传统农业社会向现代工业社会演进的过程，而这种现代化在经济基础上的动力，无疑源于工业革命。因此，在近现代工业革命的时代背景下，关于政治制度在变革过程中的倾向性认识，构成了某个具体社会在构建制度自信过程中的主要内容。无论其态度是温和还是激进，无论其价值诉求是"秩序、稳定"还是"自由、平等"，从其最终结果来看，现代化终究意味着"质的飞跃"，更确切地说，是代表先进生产力的新兴阶级取代旧阶级而掌握并重构整个上层建筑。而这个上层建筑

---

① 《潘恩选集》，商务印书馆1981年版，第377—378页。（引者按：潘恩如是说："两个问题：第一，你能依靠寻求来找到上帝吗？是的。第二，你能完全了解上帝吗？不。……这两个问题的对象不同。第一个讲到上帝的存在，第二个讲到他的属性；理性能够发现其中的一个，但是要发现另一个对象的全部，还相差得无穷之远。"）

② ［英］柏克：《法国革命论》，商务印书馆1998年版，第5页。

想要稳固,不仅需要与经济基础相适应的制度体系,还需要庇护这套制度体系的意识形态。更具体地说,即能够为广大人民群众所接受并认可的、关于制度的自信。因此,在大变革时代,为了与新的、革命性的经济基础相适应,无论是政治制度本身还是作为意识形态的制度自信,必然要带上马克思主义语境下的革命意味。

然而,包含制度重建与制度自信构建的政治现代化过程,虽然是近代任何社会都必然面临的一种普遍趋势,但对于一个具体的民族国家而言,其道路、模式与进程却存在着巨大的区别,而造成这种区别的根本原因,往往取决于各国现代化开始阶段的两个启动条件:(1)该国启动现代化的动力来自社会内部还是外部;(2)该国启动现代化进程时在世界历史时序中所处的地位。这两个条件不仅决定着各国在现代化过程中所面临的不同问题和困难程度,而且也影响着社会精英与民众关于现代化的认知、态度与心理。因此,在下文中笔者将依据这两个条件,将各国的现代化进程大致归纳为"内生先发"与"外生后发"这两种基本类型,并依据这两种类型,描述并分析现代化进程中制度变革以及制度自信的构建与这两种不同的社会背景如何发生联系。

1.从制度变革的经济基础层面比较分析

在国内外学界,通常将英国、法国,以及部分西欧国家和美国视为内生先发型现代化国家,而对于后发型现代化国家的归纳则存在着较多分歧:有些学者认为后发国家仅指亚、非、拉等第三世界国家;另一些学者则认为,包括普鲁士、日本以及俄罗斯等国,也都属于外生后发型国家,其理由在于当这些国家启动现代化事业时,英、法等先发国家已基本完成工业化。在分析中,笔者采用后者的观点。

(1)内生先发型现代化国家

从经济基础层面分析,内生先发型现代化国家主要呈现出两个主要特征：首先，这些国家生产关系的变革带有明显的"内生性"。按照马克思主义理论进行阐释，即该社会内生的工业革命推动了生产力的发展，从而导致了生产力与生产关系之间的矛盾，并最终提出了调整生产关系、变革上层建筑的要求。如果放到历史现实，尤其是经济发展史中去考察，我们不难发现，早期工业革命所形成的各项成果，如纺纱机、蒸汽机以及电动机等划时代的重要发明，其转化为实实在在的生产力大都需要一个比较长的周期，因此，先发国家生产力的发展通常呈现出波浪式推进的渐进性特征，而这种渐进性也同时决定了经济基础以及与之相适应的政治制度变革的渐进性，而政治制度变革的渐进性，又直接决定了新的制度自信在构建过程中的渐进性。

其次，内生先发国家工业革命的时间比较早，工业化进程的周期也大都比较长，其中尤以英国为典型。作为世界上最早开始实施工业化的国家，英国完成现代化的第一个阶段花了近两百年的时间（1649—1832）①。因此，其先发特征决定了这类国家在制度现代化的过程中并无现成经验可循，只能依靠自身的不断探索。而制度变革长周期的特征，一方面决定了该社会在调和与缓解社会矛盾时拥有较为充裕的时间，在构建制度自信的过程中，各阶级的理论家拥有较为充裕的时间进行思考与辩驳；另一方面，无论是政府还是民众，对于制度变革中的失误与挫折都有较为宽裕的反应时间。这些因素决定了内生先发型国家在制度变革中拥有更高的"容错率"，而与之相适应的是，在这种社会背景下形成并容易被公众所接受的、关于制度变革的理论，也大都赞成立足现状、温和改良，强调变革"渐进性"的传统意象，而这种传统意象，又比较容易渗入不断改良的意识形态，其中当然也包括制度自信的内容。

---

① ［美］塞缪尔·P.亨廷顿：《变化社会中的政治秩序》，上海人民出版社 2008 年版，第67 页。

（2）外生后发型现代化国家

相比较而言,外生后发型国家的现代化过程也表现出两个较为普遍的特征:首先,这类国家是在先发国家的"刺激"下,出于被动"反应"的机制而启动本国的现代化进程,这通常被概括为现代化的"刺激—反应"模式。在早期,这种"刺激"通常表现为先发国家对后发国家的经济掠夺、军事威胁以及殖民侵略等。因此,后发国家的"反应"大都带有布莱克所描述的"防御型现代化"的特征。其次,后发国家在现代化启动进程中,在国际形势与地缘战略上往往已经处于较为不利的地位,但同时,此类国家在一定程度上又拥有某些"后发优势",从而在客观上有助于后发国家缩短工业化周期。因此,后发国家在现代化进程中的这些特征,一方面导致其政府与人民在"防御型现代化"的进程中产生深重的危机感;另一方面,较短历史时期内经济基础的骤变、社会结构的崩坏,也容易导致各种社会矛盾集中爆发。因此在这种心理上的危机感与社会现实矛盾的合力作用下,后发国家中无论是新兴阶级、知识分子还是广大群众,都比较容易认同与接受能够对各种矛盾提供"一揽子"解决方案并迅速实现制度现代化的革命主张。对于他们来说,制度自信的意识形态基础构建在对"旧制度"的痛恨之上。

2.从制度变革的启动条件层面比较分析

内生先发国家与外生后发国家在启动政治现代化以及制度变革的进程时,同样面临着极为不同的内外部条件,而这些条件也极大地影响着两种社会民众关于制度变革以及制度自信构建的态度。

（1）内生先发型现代化国家

首先,内生先发型国家在现代化启动过程中,往往拥有一个较为有利的外部环境。这类国家在工业革命方兴未艾时开始其现代化进程,当时自由资本主义的发展尚处于早期阶段,世界历史在地理纬度上还未完全展开,世界政治经济秩序尚未建成,因此,先发国家比较容易借助其发达的工业力量及副产品——工业化的战争机器来塑造于己有利的世界格局，从而借助外部资源调和本国现代化进程中产生的社会矛盾。以当代经济学的观点阐释，即任何国家或社会进行改革都需要付出一定的社会成本，但先发国家却可以将自身改革的社会成本"外部化"，使改革所必须支付的社会成本，部分地由产品输出国、原料采集国或殖民地国家来承担。因此从表面上看，先发国家内部无论是经济基础与上层建筑之间的冲突，还是剥削阶级与被剥削阶级之间的矛盾，均容易被较好地掩盖、隐藏与调和，这也直接导致了诸种破坏本国秩序、有违本国安宁的暴力革命理论并不容易被先发国家的大部分知识精英与普通民众接受。因此，传统的制度自信很难被相对激进的革命理论动摇，这也是以柏克的理论为代表的保守主义理论在英国始终处于统治地位的重要原因。

其次，内生先发型现代化国家，其制度变革的要求通常在社会中自下而上地提出来。从先发国家资产阶级夺取并改造国家政权的历史来看，推动制度变革的社会力量，主要包括工商业资本家、新兴贵族、城市自由民以及产业工人等社会中下阶层。这些新兴社会力量是由现代工业革命所孕育并生产的，他们随着生产力及经济基础的发展而成熟壮大，当这种社会力量积累到一定水平之后，便必然会因为上层建筑与经济基础之间的紧张而提出自己的政治诉求，即改造政治上层建筑，或曰政治现代化的要求。在改革的过程中，如果旧有的支配阶级能够像英国那样，通过协商与妥协的方式进行渐进式改良，同时，国体也能够通过制度化的手段吸纳新兴的剥削阶级，并在一定程度上改造旧的剥削阶级，那么，在该国形成的政治现代化理论也必然倾向于保守的传统意象。如果像法国那样进一步封闭政体，拒绝社会新兴力量的制度化，将新兴阶级及其政治诉求排斥在政治上层建筑之外，则容易导致社会各要求进步的阶层逐步倒向暴力与激进的革命意象。

（2）外生后发型现代化国家

相比较而言，后发国家在启动现代化进程时，往往需要面对极为不利的内外部环境。从外部环境看，这类国家要么如印度和中国，在帝国主义侵略下沦为殖民地或半殖民地国家；要么如普鲁士、俄罗斯以及日本等国，即使保持民族国家的独立性，也要面对先发国家强大的地缘压力以及于己不利的国际秩序。因此这类后发国家不仅要承担本国现代化改革所必须支付的社会成本，还需忍受先发国家的经济掠夺、政治讹诈与军事侵略，社会矛盾、阶级矛盾均容易在短期内积聚并爆发。因此，后发国家反对外来经济、政治以及军事方面的压迫，通常与反对国内旧有剥削阶级统治的革命诉求相结合，从而具有极强的动员力，也容易为广大知识分子与人民大众所认同。

其次，与先发国家相比，推动后发国家制度变革的动力，至少其早期的领导力量往往来自社会上层。无论是俄国彼得大帝的改革、土耳其的凯末尔改革，还是中国的洋务运动，均是由官方和传统社会精英领导并推动的，这些社会阶层所代表的仍然是传统的经济基础，所以一旦现代化因素积累到足以动摇他们的统治时，这些原先领导现代化的社会阶层便很容易转向现代化的对立面，成为现代化进程中的障碍。

在这种条件下，后发国家通常可能选择两条路径。

第一条路径，新兴阶级中的剥削阶级，即资产阶级与旧时代的官僚阶层合流，依赖上层建筑的相对独立性，借助国家机器的强大力量强行推进现代化；或者以封建领主或贵族地主为主的旧剥削阶级，在一定限度内变革自身的剥削方式，即依靠土地资源这一优势，从以人身依附为主的封建剥削方式，转变为以资本掠夺商品中剩余价值的剥削方式。采纳这种路径的国家，如德国、奥匈帝国、日本以及意大利等，其国家机器虽然强大，但仍带有许多极其落后、反动并且与现代社会格格不入的陈腐因素,而且此类国家在依靠暴力机构压制或转移本国社会矛盾的过程中,也往往容易走向军国主义的极权道路,从而在制度内酝酿和积累更多的革命因素,最后在内外部压力的共同作用下崩溃。但是,这类国家在现代化的第一阶段,由于继承了全套旧的上层建筑,所以其在构建新制度自信的过程中,往往更强调"纪律"与"秩序",从而表现出一些传统意象的特征。

第二条路径,包括资产阶级与无产阶级在内的新兴阶级实现阶级联盟,并联合社会中苦难深重的旧的被剥削阶级(通常是农民),通过资产阶级革命或新民主主义革命的形式摧毁旧政权,构建新的上层建筑,同时扫荡和改造社会中不利于现代化的传统因素,从而推动现代化。这条路径显然是一条经典的马克思主义革命道路,而在具体的俄、中革命实践中也总结并形成出一套与之相适应的、能够掌握群众,并且在革命后建设改革中继续帮助群众建立制度自信的理论体系。

3.从制度变革的方法论层面比较分析

在诸种内外部条件的制约下,先发国家与后发国家在现代化变革的方法论选择层面,也存在着很大的区别,而这种区别,也与近现代传统和革命意象的产生与发展发生着深刻的互动。

(1)内生先发型现代化国家

如上文所述,先发国家无论是经济基础还是上层建筑的现代化变革,都表现出极为鲜明的"渐进性"特征,这种"渐进性"特征在制度变革层面,正如西方学者阿尔蒙德所言,表现为政治现代化进程中的"长期性"与"阶段性"。更具体地说,先发国家的政治变革,大抵经历了漫长的专制阶段、民主阶段和福利阶段这三个虽有交叉反复,但又特征鲜明的步骤。① 概括地说,先发国家制度变革的每个阶

---

① ［美］阿尔蒙德、小鲍威尔:《比较政治学:体系、过程和政策》,上海译文出版社 1987 年版,第422 页。

段,分别完成了当时历史背景下由社会变革所提出的时代任务。第一阶段,先发国家的社会变革主要表现为生产力企图突破生产关系的制约、传统社会结构发生变化等方面。这一阶段变革主导者的主要任务是维持政治上层建筑的稳定,以避免社会在发展中撕裂与崩溃,并且促进商品在全社会范围内自由流通,而一个集权形式的威权政府恰恰能够提供"稳定"这种"政治产品",因此,在意识形态领域,统治者也更强调"传统"与"秩序"这类价值观,以维持民众对固有政体的信心。第二阶段,先发国家的社会生产力已发展到一定水平,封闭的专制政体开始与市场进一步开放的要求产生紧张,同时,新兴阶级对政治权力的分享诉求,也与专制政府存在着尖锐的矛盾。因此,先发国家要么通过激进的变革形式,要么通过温和的变革形式,逐步建立以代议制、普选制、三权分立以及政党竞争为内容的民主共和制度。虽然从历史上看,几乎所有先发国家所构建的政治制度最终都被资产阶级掌控并服务于其剥削阶级的专政目的,但相较于皇权专制或封建分封的上层建筑,它无疑已具有划时代的巨大进步意义。同时,为了将更多依附于封建领主并且被束缚在土地上的农民解放出来,资产阶级的意识形态代言人必然开始强调新制度的"自由"属性,从而获得制度的正当性与合法性基础。第三阶段,随着资本主义的进一步发展,自由放任式资本主义内在的固有矛盾不断激化,贫富分化严重,阶级矛盾与冲突日益尖锐,经济危机与工人运动不断升级,在此种社会背景下,主张政府干预的凯恩斯主义与庇古的"福利经济学"应运而生。尤其是"二战"后,福利制度逐渐在发达国家普及,一方面在某种程度上缓和了资本主义社会的内在矛盾;另一方面,资本主义国家中的社会主义因素也得到不断积累。而这种主张政府调控与强调福利的政治上层建筑,开始宣扬"平等"与"公正"等价值观,但从历史现实来看,即使是西方发达资本主义社会,目前仍在第二阶段与第三阶段之间徘徊。

75

通过对先发国家制度变革大致步骤的分析,我们不难发现,先发国家在政体演进过程中的各个阶段,分别面临着不同的主要矛盾与问题,而各个时代的政治理论家与实践者们所承担的使命与任务、选择的方法与手段也截然不同。这就决定了这些国家在某个现代化阶段政治变革中所选择的模式、采取的方式以及积累的经验,未必适用于下一阶段的变革。

最后需要加以说明的是,对于先发国家政治变革三阶段的总结,仅是阿尔蒙德从世界历史发展总趋势的分析中归纳出的理想状态,并且只有在政治变革较为顺利的状态下三个阶段才能逐次衔接,温和的传统意象才容易为社会大众所接受,而一旦变革中的任何一个阶段遇到挫折,那么即使如法国那样的先发国家,其知识分子与群众也几乎会立即倒向激进的革命意象。这也正如萨拜因所言,"一项政治论说的重要性在部分上取决于信奉它的人数"①,任何社会均会存在传统与革命的意象,但谁能掌握群众却往往取决于情势的发展与变化。这从另一个层面也能够说明,作为意识形态的制度自信在维护制度稳定中能够产生较为积极的作用,但前提是这种制度必须能够适应社会的变迁。

（2）外生后发型现代化国家

相比较而言,后发型现代化国家往往是在较强外部压力下被动卷入世界历史的,并且它们在启动现代化进程时不仅面临着本社会中固有经济基础、意识形态等各种障碍与阻挠,同时还面临着民族解放与独立的历史使命。而且,先发国家在不同阶段所面临的不同问题与矛盾,在后发国家往往集中在某一特定历史阶段,并在很短的历史时期内、在整个社会范围内同时爆发。但从另一个角度看,正如亨廷顿所言,"早期现代化国家听凭历史摆布的东西能够成为

①　[美]萨拜因:《政治学说史》,上海人民出版社 2008 年版,第 67 页。

晚期现代化国家有意识的抉择"①,因此,后发国家在政治现代化的进程中也多少具备一些特定优势。一是后发国家的先进分子与新兴阶层对于制度变革的认识与推动,相对更自觉、更主动。二是后发国家能够吸收并借鉴先发国家在政治变革过程中所积累的经验与教训,甚至在某种程度上可以直接移植一部分社会及政府组织形式。

第一阶段,由于现代化所带来的社会问题与矛盾全面并集中地爆发,一些后发国家,如晚清时期的中国、莫卧儿王朝末期的印度,以及奥斯曼土耳其等国,因为其王朝统治恰巧处于衰落期,原先建立在旧有经济基础上的政治上层建筑本身已处于较为羸弱或分散的状态,那么旧政权不仅无力领导并推进该社会的现代化建设,甚至都无法有效调动社会资源以解决旧时代的各种固有矛盾。因此,随着问题与矛盾的积聚,这种政治上层建筑要么被本国新兴阶层推翻,要么被外来帝国主义颠覆,而在"政治总崩溃"的过程中,必然酝酿着暴烈的政治革命,而那些曾经对先发国家政治变革产生过影响的革命意象,不仅仍会对后发国家产生同样甚至更加猛烈的影响,而且会在革命的实践中得到进一步发展与成熟。

与此相对,另一些后发国家,如彼得大帝时期的俄罗斯、弗里德里希时期的普鲁士,以及明治维新时期的日本等国,在卷入世界历史的关键时刻,其政治上层建筑恰巧处于较为巩固和强大的状态,那么,虽然以工业化为主要内容的社会革命仍将继续推进,但政治领域内的暴力革命在某种程度上却处于被国家行政机构抑制的状态。同时,如果能够满足以下这几个条件:(1)旧政权能够相对开放;(2)新、旧剥削阶级之间能够相互妥协;(3)旧时代的剥削阶级与支配阶层能够努力实现自身的现代化转型。那么,这类国家政治

① [美]塞缪尔·P.亨廷顿:《变化社会中的政治秩序》,上海人民出版社2008年版,第334页。

领域的变革就会相对被约束在较小的范围内,以较为温和的形式展开。

第二阶段,无论是资产阶级还是无产阶级掌握了国家政权,都意味着政治上层建筑发生了"质变",无论如何,新的政治、法律设施都比旧的政治上层建筑带有更多的现代性因素。但是,政治革命只解决政治领域内的问题,而那些根源于旧时代经济基础、社会结构以及文化领域的问题和矛盾,仍需新兴阶级在掌握政权后来解决。与此同时,与先发国家相比较,后发国家在经历了政治革命之后,不仅消耗了大量的社会资源,而且社会秩序与稳定也大都遭到相当程度的破坏,而一个稳定的社会环境却是顺利推进现代化的前提。因此,先发国家初期的那种威权政府,又似乎成为后发国家主导现代化的唯一选择。所以,即使在新兴阶级掌握国家政权后,政治上层建筑的改造与完善也远未完成。而且,在各种内外部条件与主客观因素的制约之下,后发国家并无法像先发国家那样,在每一个阶段都有充裕的时间去解决当前的主要矛盾,甚至还面临着更为复杂与尖锐的问题,例如精英与大众的撕裂,传统与现代生活方式、思维模式之间的鸿沟,增强国家实力与提高生活水平之间的矛盾,稳定政治秩序与扩大政治参与之间的两难,等等。因此在这些因素的影响下,后发国家,尤其是那些不甘落后、不愿依附,并且有雄心参与并塑造世界政治经济新秩序的后发大国,往往更倾向选择一种"以工业化为主要内容,以较高的积累率为特征,以农业的滞后发展和缓慢提高人民的生活水平为代价"的"追赶型"现代化模式①。在这种模式的总体指导与影响下,后发国家关于制度的变革,在主观层面上往往容易形成急于求成的紧迫心理与危机感,在客观层面上,他们又不得不试图压缩先发国家政治变革的三个阶段,期望通过"一揽子解决方案",或依据路标明确的"路线图",在较短的时期内建成

---

① 孙力:《政治的透视——转变社会中发展战略选择》,上海人民出版社 2000 年版,第 9 页。

一个具有强大能动作用的政治上层建筑,以"牵引"整个社会走上现代化的道路。而为了取得广大民众的支持,制度变革的主导者们也不得不构建一种寄托于"理性"或"必然性"的制度自信,并且引导群众树立一种"牺牲"与"奉献"的价值观。

综合上述分析我们能够发现,后发国家的制度变革在方法手段上往往带有鲜明的人为色彩,具体表现为人们迫切、主动并且积极推进现代化的自觉性与计划性。因此,如果说先发国家政治变革的主要手段与路径是"创新"与"试错",那么,后发国家的主要手段则是"借鉴"与"移植",并且正如马克思所言:"工业较发达的国家向工业较不发达的国家所显示的,只是后者未来的景象。"[①]因此,许多后发国家的学者与民众很容易将先发国家当前政治制度的"实然",看作本国制度的"应然"。这正是新时代中国共产党领导下的社会主义中国,坚持走自己的道路必须摒弃的旧有观念,因此,要建立并巩固新时代中国特色社会主义制度自信,一方面必须从马克思主义基本理论中汲取理论自信,另一方面也必须从改革开放四十年的经济发展成就、建国建党以来的独立自主的革命经验,以及中华民族数千年的历史发展中汲取源远流长的实践经验。

---

① 《马克思恩格斯全集》(第23卷),人民出版社1972年版,第8页。

第三章

遗传与变异——中华文明制度与制度自信的历史演变

———

上一章,本文在较为抽象的理论层面,借助系统语言描述并阐释了政治上层建筑演变过程中政治制度与制度自信的发展逻辑与互动形式,最后还初步建构了以历史唯物主义为基本立场的、旨在统一传统与革命两种制度自信意象的指导理论,并形成这样的结论:传统的政治制度在漫长的历史发展进程中,必然不断发展,并且依靠逐步构建的制度自信来巩固并维持自身的存在,但在社会存在发生变迁的大背景下,即使再顽固的制度也无法抵抗社会革命的必然趋势,因此为了最大限度地保存自身,保守的意识形态往往赞成一种温和的、基于流变机制的政治改良,以期实现自我保存的目的;相反,各种革命的意识形态在政治领域总是表现为新兴阶级试图掌握并改造政治制度的要求,这种要求大多通过以暴力革命的方式夺取、摧毁并重建政权的激变机制得以实现。因此,如果说传统因素所导致的流变机制可以用生物学上的"遗传"予以形象地比喻,那么革命因素所导致的激变机制则更加类似于生物体在极端环境下的突然"变异"。正如自然界所表现出的生物多样性特征一样,在遗传与变异双重机制的影响下,在不同社会千差万别的传统积淀与革命因素的制约下,各国的政治制度不仅将沿着截然不同的路径向前演进,而且支持其发展的意识形态——各种制度自信,也必然表现出迥然相异的特征,正因为如此,即使是马克思主义范式的分析框架与形塑意象,也必须在具体国家与社会的研究与分析中才具有现实意义。因此在本章,笔者就尝试用该分析框架与指导理论,具体分析并阐释中国政治制度与制度自信的历史形塑过程。

在中国,自有详细史料记载的奴隶制国家——周朝至号称"亚细亚第一共和国"——中华民国的建立,在数千年的历史发展进程中,中国本土社会的政治文明始终处于一种动态的演变过程之中。这种演变或因其纷繁复杂,或因其庞杂琐碎,或因其来回往复而显得扑朔迷离,但如果借用马克思主义政治学的分析框架,从政治上层建筑与思想上层建筑的角度来归置并分析这些演变,更具体地说,即从制度实体的构建与维护制度的制度自信框架中分析社会各阶级、各阶层在国家中的矛盾及其地位变迁,则有助于我们提纲挈领、化繁为简,从系统论的视角探索并阐释中国制度自信演进的内在逻辑与总体趋势。

一、专制天下：皇权专制下中国传统政治制度与制度自信的流变

在秦到清末两千多年的历史中,中华文明虽然仍在不断地向前发展和演进,但按萧公权语,中国社会与政治的概貌却已在总体上处于"专制天下"的"因袭时期"。如果按照马克思唯物主义的观点分析,由于中国社会以农耕为主要生产方式的自然经济基础、以血缘纽带为主要联系方式的基层社会宗法结构基本稳定,与之相适应的政治上层建筑,也就因为缺乏根本性的变革动力而无从发生进一

步的变迁。但正如本文在理论构建部分所述，政治上层建筑因为其相对独立性的存在，一方面始终存在着与社会之间的矛盾；另一方面，在其内部结构中也总是存在着剥削阶级与被剥削阶级、剥削阶级代理人与剥削阶级之间的矛盾，而这些矛盾的发展最终还是驱动着政治上层建筑和思想上层建筑的不断演化。因此，中华文明在长达两千多年的皇权专制统治下，传统政治上层建筑一方面保持了内部国体结构的基本稳定，另一方面，为了适应并巩固这种皇权专制的国体，维护制度的意识形态也在各朝历史正反经验的不断积累下日趋成熟。

（一）皇权专制国体的矛盾发展与重建机制

从中国传统政治的发展趋势来看，分封贵族阶层的消亡并不意味着所有矛盾的消灭，只是代表着以分封土地为物质基础、具有分裂倾向的特定政治集团的消亡，分封阶层在历史上的长期存在所积淀在社会与意识形态中的残余因素，仍无时无刻不在影响着专制政治上层建筑的演进。与此同时，皇权在国体结构内消灭贵族阶层的制衡力量后，必然提出进一步集中权力的要求，从而表现出向绝对专制主义发展的趋向。我们虽然可以说，在以自然经济为主要生产方式的传统社会中，专制集权是有效进行阶级统治并且治理一个幅员辽阔、人口众多之"超大社会"的必然选择，但从政治的逻辑看，构建于专制主义基础上的政治制度，其内部毕竟存在着无法克服的诸种矛盾与缺陷。例如缺乏制衡的皇权及其代表，在发展的过程中自然会产生一种不断向社会渗透并且无节制地汲取社会资源的冲动，而当这种倾向与冲动威胁甚至破坏整个社会结构时，政治上层建筑也必然随之崩塌。因此，在国体结构中如何尽量弥补缺陷、缓和矛盾，以及当矛盾无法调和并导致整个制度崩溃之后如何实现重建，构成了中国传统政治历史演进的主要线索。

1.皇权与门阀势力的矛盾

正如马克思·韦伯所言,"历史的真相是一种持续地——虽然大多数情况下也是隐伏地——存在于统治者与其行政干部间,为了占有权与处分权而起的冲突"①。这种冲突,在中国皇权专制国体建构的早期,表现为皇权统治与门阀政治之间的矛盾,在后期则表现为皇权与相权的冲突。因此,如果说分封贵族与君主之间矛盾的焦点在于"国家主权"的"所有权"是集中还是分裂之争,那么,门阀世族与皇帝之间、相权与皇权之间的矛盾,则主要集中于"处分权"之争。

在皇权专制背景下,门阀政治最主要的特征即在于门阀世族能够世袭并且垄断官职的分配,从这一特征看,门阀贵族与分封贵族有些类似,但它们之间毕竟存在着根本性的区别。首先,门阀世族的权力主要从固有的政治结构中获取,分封贵族的权力则从受封领地内的社会以及经济结构中获取。如果从权力来源看,政治权力必然不如社会权力和经济权力来得稳固,但如果政治权力与国家暴力机器,尤其是军队相勾连,那么在军权更为集中的皇权专制社会,门阀世族对于皇权的威胁则会表现得更加直接。其次,门阀贵族与分封贵族的背后虽然有宗族的力量,但自从儒家思想被确立为意识形态之后,血缘不仅不再构成官位分配的正当性依据,甚至在某种程度上还会成为授人以柄的"非正当性"凭据。因此,门阀集团是一种依靠血缘、学缘、地缘、文化以及权力等诸多因素交织在一起的社会阶层。与分封贵族阶层相比较,门阀阶层的社会基础更为广阔,其阶层认同也更为自觉。

但在中国传统宗法社会中,门阀阶层从根本上来说,还是在"门户私计"的原则下,以家族或家族网络为组织手段,以政治分肥和经济分赃为纽带整合起来的利益集团。这种利益集团中的某个具体宗族或宗族联盟,一旦集中并垄断了政治上层建筑领域内的大部分

---

① 《韦伯作品集 II》,广西师范大学出版社 2004 年版,第 400 页。

部门，尤其是军事部门的"处分权"，其为了保存并扩大自身的存在，便必然产生出侵夺政治"占有权"——皇权的要求，而从朝代更替的历史现实中，我们也不难看出，政治"处分权"的集中与掌握，也必然影响"占有权"最终的归属。关于这一点，可以从南北朝时期南朝宋、齐、梁、陈的政权更迭中反映出来。

随着中国历史的发展与政治经验的不断积累，隋、唐之后的皇权掌握者逐渐认识到门阀世族始终是皇权的异己与离心力量，而皇帝作为专制主义的化身，决定了皇权无论从"占有权"还是"处分权"的角度均是不容分割的，因此皇权在维护和扩大自己权力的过程中，开始自觉地遏制并打击政治上的门阀化倾向：一方面高度重视军权的掌握；另一方面逐渐削弱作为"处分权"的最高代表——相权，以实现专制权力的进一步集中。最后，自从隋代科举制度确立并普遍推行，官职分配也最终打破了世族与寒族之间的界限，这也从根本上动摇了门阀世族通过世袭和垄断官职来维持自身存在的政治基础。但从另一个角度来看，由于中国的整个基层社会仍是由以血缘纽带为联系的宗法组织所构成，所以只要这种传统的社会结构不被消灭，那么在政治上层建筑内"门户私计"以及"裙带关系"的弊端就不可能完全清除。

2.皇权与部族势力的矛盾

中国与西方在政治发展的脉络上，另一个重大的区别即在于，中国如何应对、处置和消化因游牧民族入侵中原而产生的部族因素。关于这一问题，笔者将从国体结构层面来分析并阐释。

从形式上看，中华文明中的华夷之辨主要表现在文化认同上，这种文化认同也为游牧民族的统治提供了制度自信层面的根据。但从根本上分析，华夷之辨的实质却在于农耕与游牧这两大自然生产方式的区别，以及与之相适应的制度上的差异。按照以往的传统，东西方学术界往往认为农耕文明从整体上要优于游牧文明，这一观点从两种生产方式所提供的生产、生活资料的数量来看,无疑有一定的说服力。但较新的社会学理论指出,游牧民族的生产方式决定了这种社会必须经常进行大规模的迁徙,所以其社会在组织方式与凝聚程度方面,必然也存在着农耕文明无法比拟的优越之处,这也是游牧民族在火器时代之前能够在物质资料极度匮乏的情况下,屡屡击败农耕社会的重要原因。因此,当游牧民族入侵、占领并统治某个农耕社会之后,其政治组织形式必然会对该社会原有的政治上层建筑造成极为深刻的影响,但这种影响首先需要面对的问题,是如何解决在传统中为农耕文明提供制度自信来源的意识形态。

自有文字记载以来,无论在哪个时代,中原王朝均或多或少地面临北方游牧民族的威胁,元、清两代更是由游牧民族建立的大一统政权。从国体结构来看,游牧民族的入侵给中原王朝传统政治制度造成的影响,主要在于将部族因素引入了国体结构,从而重新激活了中原王朝政治上层建筑中的传统封建因素。如果说中原王朝的天子具有天子与皇帝宗室长这双重身份的话,那么,游牧民族的天子则多了一重身份——部族首领。作为部族首领,游牧民族的天子一方面能够从自身部族获得较为坚定的社会支持,另一方面,他也有义务为本部族的利益张目。与此同时,部族作为一种具有复杂等级秩序的社会集团,其内部本来就分化为多个社会阶层,因此从社会的维度来看,必然导致原先中原本土宗法社会差序结构的进一步复杂化。但是,由于游牧民族本身仍然属于一种在传统自然生产方式基础上构建起来的社会组织形式,因此能够在国体层面进行权力竞争的,仍然局限在该民族的首领、贵族以及本土的汉族士人阶层之间。另外,由于游牧民族内部普遍带有极强的"封建因素",自然也就存在着一批势力极强的"军事贵族阶层",该阶层与春秋之前的分封贵族阶层有些相似,他们要么与首领存在着紧密的血缘关系,要么是势力极强的其他联盟部族的首领。因此,皇权与部族势力之间的矛盾,其根本仍在于专制与封建之间的对立。

所以我们不难看出,游牧民族入主中原后的政治结构,往往带有很强的寡头色彩,换言之,游牧民族天子的皇权均会受到军事贵族阶层的制衡;而在民族关系上,整个少数民族的社会成员普遍以统治者和压迫者自居,其他民族则被视为天然的被剥削者,这种社会阶层间的分化与矛盾,又必然反映到国体结构之内。具体而言,即表现为游牧民族天子为了削弱军事贵族阶层的制衡,往往倾向于吸纳汉族士人阶层进入政治体,这种倾向往往能够得到代表汉族地主阶级利益的社会宗族力量的支持;另一方面,军事贵族阶层为了维持自身的特权地位,则会倾向于阻止汉族士人进入政治结构,而他们通常会得到自身所属部族的支持。从根本上看,当游牧民族入主中原并放弃了原有的游牧生产方式之后,如果其仍然固守原有的上层建筑,那么,这种上层建筑即使在初期能够获得强大的暴力机器作为支撑,也必然因为其与社会结构相反对而无法巩固,这从元代统治失败的历史经验中能够得到验证。相反,清朝的统治者却能够汲取中原政治文明在长期历史发展进程中的有益经验,坚定地继承中原王朝皇权专制基础上的政治制度。虽然在经济上保留了满族的特权,但在政治上却能够积极提拔和吸纳汉族士人参与政治,并且采纳促进满汉融合的政策,努力削弱民族之间的差异。因此,在某种程度上,可以说清代的皇权统治者能够从儒家学说中汲取维护自身统治的观点,为自身的制度取得自信的理论来源,这构成清朝皇室在其历史局限性制约下所能够取得的最大成就,也为清朝皇室统治的稳定与延续提供了极大的帮助。

3.皇权专制制度的重建机制

最后,正如上文所述,由于专制主义的固有矛盾与内在缺陷,任何一种以此为原则所构建的传统政治上层建筑,最后均难逃腐朽和崩溃的结局。而一种具体的政治组织形式在崩溃后的修复与重建机制,则体现了政治结构的"继承性"和"成熟性",也体现了马克思曾精辟指出的:"在东方各国,我们经常看到社会基础不动而夺取到政治上层建筑的人物和种族不断更迭的情形。"①

关于皇权专制制度的修复与重建机制,金观涛、刘青峰在其《兴盛与危机》一书中已有较为深入的探讨,本节将在其理论成果之上,结合国体结构的特征予以进一步地分析。首先,从社会结构看,中国传统社会是由地主经济、皇权专制,以及为皇权专制提供制度自信的儒家意识形态,这三者"凑合"而成。在一般情况下,三者中某一子系统发生变化时,另外两个子系统会自发地对其进行修正。例如,当土地兼并到一定程度时,在中央层面,专制政府往往会采取一些"抑豪强"的政策,通过限制豪族的规模来抑制其对政治权力的诉求;在地方宗法组织内,地主阶级通常也保留失地农民的"永佃权"或"赎回权"。但是,无论在经济还是政治领域,当发生不可逆且无法修复的畸变时,整个社会便会面临崩溃。以往的历史经验通常认为这种畸变主要发生在政治领域,如由皇帝的昏庸以及吏治的腐化所造成,但最新的研究表明,经济基础的变化,如商业、手工业的发展,城市的扩张,尤其是土地的大规模兼并,同样是导致社会经济结构畸变的重要原因。而当这种矛盾激化到不可调和时,在中国的传统社会中,便会出现一种特有的修复机制——通过"起义"的方式来实现王朝更替。②

(二)皇权专制政体及其制度自信的演化与成熟

用马克思主义政治学的观点来分析,自从将封建差序结构与专制同心圆结构二者的优势整合到一起,中国传统社会按照"家天下"

---

① 《马克思恩格斯全集》(第15卷),人民出版社1963年版,第54页。
② 金观涛、刘青峰:《兴盛与危机——论中国社会超稳定结构》,法律出版社2011年版,第293页。

模式所构建的政治制度,在国体层面便趋于稳固。另外,宗法结构所提供的修复与重建机制以及意识形态的维稳作用,不仅使得分封贵族很难复辟,而且使得那些具有进步意味的、新的社会阶层也很难发展壮大,而各个旧的支配阶层,在国体结构中的地位则始终处于一种周期性的动态稳定。因此,中国在秦汉之后的专制政体以及制度自信的发展与变革,其主要目的即在于构建一套与国体结构相适应的政治上层建筑和意识形态。

1.儒家意识形态约束下中国传统政体的演变趋势

秦汉以后,统一与稳定逐渐成为中华政治文明的价值诉求,而与这种诉求相呼应的则是意识形态的整合与统一,汉武帝“罢黜百家、独尊儒术”的政策,正是此种在思想上层建筑上“别黑白而定一尊”的具体反映。另外,在孟、荀以及“经学”传人的不懈努力下,儒家思想通过不断吸纳、融合先秦诸子的有益主张,终于发展并成熟为一套与传统社会相适应、能够调和社会各层次伦理观念,并且相对自洽的理论体系。如“修齐治平”的主张,为秉承儒家理想中的社会佐治阶层——君子提供了自信,以期通过修身以“道备于己”,然后齐家、治国,乃至平天下,由此贯通了个人、家庭、国家与社会间各层次的价值取向与责任义务;“忠孝伦理”则将个人对父母之爱演绎并引申为忠君爱国的情感与信仰。因此,儒家思想不仅在上层建筑中指导着中国皇权专制时代的国家统治与管理,更在社会存在中渗透到生产、生活的方方面面。所以秦汉以降,虽然佛教东来促进了中国宗教与哲学思想的极大进步,但其对中国政治的影响非常有限;与此同时,游牧民族入侵中原虽然在某种程度上促进了各民族的交流与融合,但因游牧民族的经济、文化水平相对较低,所以入主中原之后只能“用夏变夷”,而其政治思想亦不能越出儒家学说之樊篱。因此汉之后中国的政治思想家以及实践者们,大多已无意于突破儒家传统意识形态的框架进行创新。即使如不少学者所认为的,中国传统政治在实践上奉行着"阳儒阴法"的原则,法家的主张也必须经儒家思想改造后,在符合"道统"与社会伦理的前提下,方能在政治实践中发挥功能。因此可以说,在清末大规模西学东渐之前,中国政治制度的发展和变迁始终要从儒家伦理中汲取自信。

因此,自儒家思想被确立为正统意识形态之后,孔子本人著述中的"理想国家",便与古希腊城邦时代柏拉图的"理想国"、古罗马时代西塞罗的"共和国"、神权时代奥古斯丁的"上帝之城",乃至民族国家初兴时期霍布斯的"利维坦"等此岸或彼岸的国家理想形式一样,开始具有了国家本体论层面的色彩。而这种本体论意义上的国家,也成为秦汉之后中国统治阶级,尤其是统治阶级中士人官僚阶层理想中的"应然"形式。因此,在政治制度上,必须建构一套与之相适应的、能够保证"礼乐征伐自天子出"的可靠制度。

儒家思想中以皇权为核心的国家理想形式,虽然在理论上看似稳固,但在实际政治运作中,却由于政体内三个阶层的存在和相互冲突而始终处于一种矛盾的运动过程之中。而在一定的经济基础与意识形态的制约下,这种阶层间的矛盾发展最终也决定了政治上层建筑的具体形式。

首先,正如韦伯所言:"中国的君王……并不像近代(西方)的君主那么轻松地因受神宠……他必须以人民在他治理下的幸福来证明他乃'天子',并且是上天所确认的支配者。"①因此,作为国家最高"主权"的象征,中国的皇权虽然不像西方那样被神权以及领主权分割,但其权威的合法性却分别来自两个方面。一是源于皇帝本人的血统,更具体地说,即皇帝在皇家宗室中的继承位阶是否符合传统。二是源于皇帝本人是否合"道",而是否"有道"一般有两个评价标准:一是看皇帝本人的言行与决策是否符合儒家学说的"学统",二是看统治效果是否符合通常由百姓福祉所反映的"天道"。

---

① 《韦伯作品集 V》,广西师范大学出版社 2004 年版,第 69 页。

如果皇帝本人在任何一方面不合标准，甚至只是因为"天灾"或外族入侵而导致社会动荡，也会被视为"无道"，其自身的权威，便会因之而削弱。

其次，作为统治集团中的佐治阶层——士人官僚集团，他们在儒家的政治理想中，一方面必须完全服从皇权并贯彻皇帝的意志，但另一方面，他们也应当依据自己的学养来判断并且衡量皇帝的意志是否与"道"相一致。因此，同样如韦伯所分析的那样，中国专制制度下的官僚，通常将上级甚至皇帝的令谕"看作伦理性的、权威性的建议或期望，而不是命令"①。另外，由于中国的传统政治结构无法容纳其他政治组织的存在，所以在中国历史上，信奉儒家的士人阶层从来没有也并不企图构建一个宗教式的严密组织。因此，对于中国的士人而言，在关于儒家思想的理解与解释上，较早地实现了西方在宗教改革后才出现的"因信称义"。换言之，从理论上说，中国官僚阶层中的每一名士人或每一个学派，都可以按照自己对儒家学说的理解来认识"道"，并根据"道"来评价上级的政治决策，实践自身的政治主张，这便赋予了中国官僚阶层较大的自由裁量权。但显而易见的是，这种自由裁量权与皇权专制主义中的集权要求存在着极大的紧张关系，由此，这种紧张关系便构成了儒家政治思想在皇权专制制度中的一个突出矛盾。按照马克思主义分析框架的阐释，即表现为思想上层建筑与政治上层建筑之间的矛盾，而这种矛盾也必然会对政治结构的演变造成影响。

第三，儒家学说理想中的皇权专制政体，其目的在于保证皇帝本人掌握国家的最高统治权力，保证士人官僚阶层有效地行使国家的行政、司法等具体治权。但在政治现实中，皇帝本人或因个人能力不足，或因外部条件的制约，其最高统治权经常被外戚、权臣，甚至宦官篡夺，更具体地说，即皇帝本人的意志被他人所代表。在另一

① 《韦伯作品集 V》，广西师范大学出版社 2004 年版，第 95 页。

些情况下,皇帝本人也经常将国家权力结构中最为关键,但原本属于官僚阶层的具体治权,另外授予那些与皇帝或皇帝宗室紧密联系的社会集团,即外戚、后妃或宦官阶层。因此,这一与士人官僚集团相对立的社会集团,又可以被概括为围绕皇权的内侍集团。从政治结构上分析,内侍集团因为接近专制同心圆结构的核心,所以往往与篡夺皇帝最高权力的社会集团高度重合。由此,我们能够在皇权专制政体中发现三种组织化程度较高的支配阶层,即皇帝、内侍阶层以及士人官僚阶层,而中国秦汉之后两千多年专制政体的发展演变过程,常常与这三个阶层间相互冲突、互相妥协,乃至相互结盟的组合模式紧密关联。而在儒家学说的政治伦理中,内侍集团无论是篡夺皇帝的最高权力,还是侵夺士人官僚阶层的具体治权,均是国家理想形式衰败的征兆。因此,如何防止权臣当道、外戚专权和宦官弄权等政体异化形式的出现,最终构成了儒家意识形态下政体演变与成熟的主要趋势。

2.隋、唐、宋时期中国传统政治制度及制度自信的演变趋势与特征

三国、两晋与南北朝时期,属于中国社会的动荡期,在政体的创新与发展上并无多少建树,直至隋王朝建立,才结束了数百年的分裂局面。虽然隋王朝延续的时间极短,其所创制的政体却被其后的唐、宋两朝发扬光大。

首先,从隋代开始,在中央政务制度的改革中,不仅废除了汉代中、外朝双轨制的重叠设置,而且将尚书台与三公九卿制加以融合,创制出了三省六部制。三省具体是指负责传达皇帝命令的门下省、负责草拟文书的中书省与负责总理全国政务的尚书省。即使按照当代政治科学的眼光来看,三省制度关于权力的安排与分立都已具有相当的理性化水平,并且如卢梭所言,合理政治体的运行,应该将"力量与意志"区分开来,力量由"行政权力"来贯彻,意志则由"立

法权力"来表达，如果"没有这二者的结合，政治体便不能或者不应当做任何事情"，但如果将这二者混同，则"混乱就会代替规则"。①因此，在隋代所开创的中国政体中，门下省负责皇帝意志的传达，中书省负责皇帝意志的表述，尚书省负责皇帝意志的执行，三省首长同为宰相，由此，原先强大并且可能威胁皇权的相权被一分为三、相互制衡并最终统一于皇权之下。不夸张地说，此种在政体结构内关于权力的分配与安排，几乎达到了专制主义政体所能实现的最高水平。另外在尚书省之下，分设吏、户、礼、兵、刑、工六部，尚书与侍郎为各部正副官职，负责国家的具体行政事务。在三省六部之外，另设九寺五监，负责落实三省六部的决策并承担一些更为具体的杂务。由此我们不难看出，隋、唐、宋时期的中央政务系统在皇权专制的框架内已经显得十分成熟，不仅在最高皇权之下实现了决策权、执行权与监察权的分离，促进了各部门政治职能的明确分工，而且某种程度上还在政治上实现了宏观层面政务决策与微观层面事务管理的分离。如果按当代政治科学的理论分析，即实现了政治官僚与专业技术官僚的区分。

其次，隋唐时期发展并逐渐成熟的科举制度，虽然仅是政体选拔录用人才的一个方面，却在中国传统政治上层建筑的形塑，尤其是在构筑制度自信层面发挥了极其重大而又深远的影响。隋唐以前，中国政体的官吏选拔，大致由荐举制度、征辟制度以及荫袭制度予以保障，在个别时期也有通过军功甚至捐纳来分配官位的措施。中国历史中的这些人才选拔制度，虽然在不同时期承担并且履行了一定的政治职能，但总体而言，却难免受到血缘、门第等传统宗法结构的影响与干扰，其封闭性与狭隘性等缺陷也始终阻碍着士人阶层从社会的基层宗法组织中向上层政治结构的正常流动。但自隋代开科取士之后，科举制度所表现出的相对公开性与公正性，不仅为士

① ［法］卢梭：《社会契约论》，商务印书馆 2011 年版，第 64 页。

人集团所欢迎,而且也更加符合专制统治者阶级统治与国家管理的需求;因此,科举制度在隋唐之际一旦确立,便巩固为政体选拔人才的主渠道,并且即使如辽、金、夏等少数民族政权也将该制度引为己用。如果进一步分析,我们就能够发现,科举制度从表面上看,只是一种通过考试甄选人才的程序与形式,但中国的科举制度之所以对政治制度发挥了更加广泛而又深刻的影响,其中必然还有更深层次的原因。正如前文所述,儒家思想作为一种能够规范并且整合个人、家庭、国家以及社会伦理关系的学说体系,自从被选取为官方意识形态之后,便开始与中国社会的经济基础与政治上层建筑产生深刻的互动,而将儒家学说钦定为科举考试的主要内容之后,更将意识形态与政治上层建筑之间的联系渠道彻底打通,并且使得意识形态在某种程度上能够主导政治上层建筑。这种依靠思想而非制度对社会精英实施控制的手段,在一个组织化程度相对较低的传统社会是极其有效的。另一个重要原因在于,在传统的中国社会,正如上文所述,由于广大信奉儒学的士人群体中并不存在一个严密组织,因此士人集团中的每一名"儒生"在学习儒家经典的过程中,都是通过"导师"和自身来领悟"天道人伦"的。但是在科举制度确立之后,以皇帝为核心的统治集团,便可借由掌握科举考试的内容体系与评价体系,通过人为的选择来保留儒家学说中有利于专制统治的内容。更具体地说,即通过科举考试的方式来掌控意识形态的解释权,从而对有意愿参与政治的社会精英进行思想控制,并且最终比较妥善地调和了上一小节中所提到的思想上层建筑与政治上层建筑之间的矛盾,即分散的意识形态解释权与专制皇权之间的矛盾。

3.元、明、清时期中国传统政治制度及制度自信的演变及其特征

在元代,蒙古族作为首个全面统治中国的少数民族,其政体设计的目的除了维护专制皇权,还要承担民族压迫和防止国家分裂的任

务。在中央政务制度层面，元代几乎未进行任何具有进步意义的重大改革；而在地方行政制度层面，元代所确立的行省制度却对明、清两代，尤其是清代政体造成了很大的影响。所谓行省制度，即将原先政体中的中央机构——中书省派驻地方，这种被称为行中书省（以下简称"行省"）的机构对地方事务实施全权管理。据史书记载，元代行省"掌国庶务，统郡县，镇边鄙，与都省为表里。……凡钱粮、兵甲、屯种、漕运、军国重事，无不领之"（《元史·百官志七》），因此，位高权重的行省长官通常由中央朝廷的蒙古族大臣兼任而不实授，而实际负责行省政务的是两名地位平等的两族平章事。此种行省制度的设计兼具了分封制度与郡县制度的长处。从行省长官统领省内一切军政大权这一角度来看，其相对于事无巨细均由中央决策的郡县制度而言具有较高的行政效率；同时，由于行省长官所领取的是俸禄而非封地，而且其自身所兼任的中央行政系统的职务能够随时被皇帝撤换，因此较为有效地防止了行省的独立与分裂倾向。所以行省制度自元代创制之后，便稳定为中国地方行政的一级机构。

明、清两代进入中国传统社会以及皇权专制时代的晚期，两朝统治阶级在权衡了历朝统治的利弊得失之后，对政治制度进行了最后的变革，其政体也呈现出高度成熟的特征，其中最大的标志在于皇权与皇帝本人的高度结合。

朱元璋建立明朝之后对政体进行的最大改造在于废除了几乎与皇权专制制度同样古老的宰相辅政制度，即废除相权，或曰"君相合一"，由皇帝本人直接领导六部。与宰相只能通过开府来辅政一样，皇帝本人也不可能单独处理所有政务，因此自明初起，朱元璋便开始从翰林院中选拔人才作为自己的秘书、顾问或参谋协助处理政事，由于这些人在宫禁中的"殿阁"服务，所以也被称为内阁。由于内阁成员极为接近皇帝，所以与汉代的尚书台、隋唐时期的门下中书省一样,经常演变为一个权力远大于六部的实权机构。

清代同样不设丞相而设内阁大学士,但由于满族军事贵族阶层的制衡,清朝皇帝的皇权始终受到某种程度的约束,这也导致在清初的政体结构上,代表皇权的内阁权力经常受到代表军事贵族阶层之议政王大臣会议的分割。清代康熙在宫禁内设南书房,雍正设军机处,均履行着协助皇帝处理军国大事的职能。但在明、清两代,虽然内阁成员有时掌握了很大的实权,某些时候内阁首辅或首席军机大臣甚至已与前代宰相极为相似,但从政体结构来看,无论是内阁还是军机处均不是制度化的行政机构,而仅是皇帝的办事部门或咨询机构。例如在整个明代,内阁始终没有固定的官署,也无固定的职位,而是由其他官员兼任。另外,内阁或军机处成员虽然能够接触国家甚至皇室机密,但作为皇帝的顾问或文书,并不掌握名正言顺的处置权,因此,内阁或军机处与其说是实在的权力机构,不如说是抽象皇权的具体表现形式,或曰皇帝意志的具化。所以明、清两代君权与相权合而为一之后,所有大权便全部集中于皇帝本人手中,皇权也因此完全渗透并掌控了整个政体,皇权专制在政体发展层面几乎达到顶峰。

从另一个角度来看,任何制度均有其缺陷。明初废相之后,相权直接由皇帝本人掌控带来的最大问题,在于皇帝本人的素质直接决定了整个政体的效率。而正所谓“贤相常有而明君不常有”,通过科举制度的选拔和政绩的积累逐步取得相位的官僚,往往具有较为丰富的政治经验与施政能力,但皇帝的继承却因为自然选择的原因带有极大的不确定性,明代中后期的历史便可充分反映这种不确定性所带来的弊端。但这一缺陷在清代雍正改“预立嫡长子制”为“密建皇储制”之后,得到了一定程度的弥补,即皇位继承人的候选不再区分嫡、庶、长、幼,唯以贤能为标准,其选择全由皇帝本人确定,并且直到皇帝临去世前或去世后才公布。从之后的历史发展来看,这种立贤不立长且秘而不宣的制度不仅避免了皇帝宗室以及政体内部为争夺储位而发生血腥的派系冲突，而且从雍正之后几代皇帝的勤勉程度来看，这些皇帝也大致够得上"贤"的标准。因此，密建皇储制可以说是皇权专制制度下较为合理的政治继承制度。

客观地说，到了清代，中国传统的政治上层建筑已发展到了十分成熟的水平，其与儒家意识形态、农耕生产方式三者之间，构成了十分自洽的动态平衡，因此，对于这种皇权专制的自信也一度达到了传统社会的顶峰。但是，在工业革命与商品经济的大潮席卷之下，即使是最成熟的传统政体也势必难以为继。如果说以集权为主要内容的皇权专制政体在先秦时期还属于一种"新事物"，并因为与当时社会的变迁趋势相适应而带有"革命"意蕴的话，那么，经过两千多年的发展，政治上的皇权专制主义，便因为自身的僵化以及与社会发展的方向相背离而彻底沦为了"旧事物"。当新的生产方式、理论学说以及各种现代性因素随着世界历史的展开而在地理纬度上充分涌动之后，"皇帝"与"专制"或许可能换种内容（如君主立宪）或是换个面貌（如法西斯专制、军政府独裁）分别出现在不同的国家，但两者合而为一的皇权专制制度，以及建立在这种制度之上的、与整个社会相脱节的虚妄自信，也必然被无情地扫进历史的垃圾堆。

二、民族国家：近现代革命大潮中传统政治制度与制度自信的解构

随着工业革命的兴起以及资本逻辑推动下世界历史的不断发展，西方文明与中华文明之间的接触与交流愈加频繁和深入。由于交流的一方在社会各领域均已展开甚至基本完成了近代化，而另一方，却仍是一个建立在传统社会基础上的前现代国家，所以这种交流不仅注定是不平等的；而且随着交流的日益广泛与深入，中华文

明传统的社会结构也必将随之发生剧烈、深刻,并且是不可逆转的变迁,这种变迁在政治领域,则直接表现为传统政治制度在革命大潮席卷下的崩塌。但同时,新型制度自信的构建过程却要缓慢得多。

(一)皇权专制国体的崩溃与变迁

秦汉至明清两千多年的时间里,中华文明社会少变、君统无改,社会存在既已趋于稳固,上层建筑自是多有因袭,因此,虽然从根本上说政治制度没有本质的飞跃,但一种制度长期存在这一事实本身,就能够积累并塑造足够的制度自信。然而,自 19 世纪初期开始,随着统治阶层的不断腐化、人口压力的不断增加,以及土地兼并问题的日益严峻等诸多矛盾的发展,清朝政权在中国内部的统治开始动摇。而代表工业文明的西方列强又恰在此时东来,不仅摧毁了中国既有的传统政治结构,而且破坏了王朝更替的修复与重建机制,从而在根本上彻底瓦解了中国皇权专制中"家天下"的政治组织模式和意识形态。

1.从"天下"到"国家":传统制度自信的消解与国体的解构

中华文明相对较高的社会生产力、文化成熟度,以及地理位置的相对封闭性,决定了在中国的传统政治思想中,皇权的统治对象是"天下"而非"国家"。如果从意识形态与政治上层建筑之间的联系来分析,正如唐太宗所言,"夷狄亦人耳,与中夏不殊,以德治之,则可使为一家"①。换言之,即在"天下观"视域中,这种忽略族群区分而重视文化高低,并且认为各族间的差异能够通过教化而趋于"大同"的倾向,恰恰与皇权在"普天之下"无差别的专制统治相互契合、相互支撑。因此,在中国历史发展的进程中,但凡地处中原的汉族

---

① 郭廷以:《近代中国史纲》,格致出版社 2012 年版,第 3 页。

政权较为强大稳固时,便借由天下观鼓吹"用夏变夷";反之,当游牧民族入主中原时,汉族士绅也能在"天下一家"思想的慰藉下迁就、屈服。这种夷夏之间只要通过"教化"便可消除国家、民族界限的天下观,自然与西方传来的民族国家观念互不相容,这也是导致中国在长期的历史演进中,迟迟发展不出近代西方式民族观念的一个重要原因,如此一来,以自发民族观念自觉构建民族国家的路径也必然因之而阻断。

然而,随着近代西方列强的到来以及闭关自守局面被打破,中国无论是在朝还是在野的士绅们均发现,昔日大一统的"天朝上国",突然变成了世界列国中极为羸弱的一支,而且在交流的过程中还屡受轻侮,因此,原先支撑皇权专制的、数千年积累下来的制度自信,几乎在短短几十年间迅速崩塌,而此"数千年未有之大变局"也必然在广大士人群体的思想中率先激起革命。

首先,由"天下观"退缩为"国家观"的过程中,传统皇权在意识形态上的权威也随之削弱。正如上文所述,汉初儒家学说构建的由"天—天子—子民"所组织而成的政治差序结构中,由抽象的"天"取代了原先血缘上的"共祖",从而为皇帝以及皇权提供了政治制度上的合法性来源和权威。但是,当中国的士大夫们发现"天下"是由"万国"所组成的之后,源于"天"的皇权,便从原先的"专制天下"之权削弱为"专制一隅"之权。与此同时,中国近代"天下观"的破灭,还预示着"中国在世界上遭到'边缘化'的命运"①,这显然与儒家意识形态中中国构成"世界的中心"这一结论背道而驰。因此,专制同心圆结构中处于世界中心的皇权,突然沦为无数个同心圆中的圆心之一,这也导致专制皇权随着意识形态的削弱而失去了制度上的自信。

其次,清朝统治者在外力的推动下,试图通过学习西方的器物以

---

① 黄克武:《近代中国的思潮与人物》,九州出版社 2013 年版,第 194 页。

摆脱自身所面临的危机,但这种在旧有的政治框架内所进行的改革尝试,注定摆脱不了失败的命运。尤其是在甲午战争中被"蕞尔岛夷"的日本击败后,在外不能御侮、内不能保民的情况下,即使以传统意识形态的评价标准,清朝政权也已处于"失道"的困境,所以其统治的合法性与正当性进一步流失。与此同时,西方列强对中国领土的瓜分、西方文化尤其是宗教势力对中国社会的不断渗透等现实,均导致中国人产生了"亡国灭种"的危机感,并进一步催生出"保国""保种"与"保教"的应激心理。而在这些口号中,我们不难发现,中国人已开始自觉地将代表领土与政权的"国"、代表种族或民族的"种",与代表文化的"教"区分开来,中国一词,也开始首次承载起了强烈的民族主义情感。在这种情绪的推动下,士人阶层中较为开明的知识分子开始正视并且自觉接受西方政治理论中"民族国家"的观念。虽然在清末民初,洋务派、立宪派以及革命派关于"民族"一词歧见纷呈,但不论其仅是代表"汉族"的狭隘民族观,还是包括"满、汉、蒙、回、藏,乃至苗、瑶"的中华民族观,都与企图垄断政治权力的满族政权相矛盾。因此在民族革命中,无论是"排满"还是"合满"的政治主张,均要求推翻满族一族统治的政治制度。

最后,民族国家的观念彻底摧毁了皇权专制国体结构的制度自信基础。在儒家意识形态中,皇权授于"天",而民众福祉的增减,仅是皇权在行使过程中是否"合道"的外在表现。因此,皇帝是"为天牧民"的代表,皇权则是上天授予皇帝"牧民"的工具。相反,受治于皇权的黎民众生不仅不享有任何政治权力,而且即使在受到极度压迫而被逼起义时,也不是为了自身的利益,而是在"替天行道"。然而随着"天下观"的破产与"国家观"乃至"民族国家观"的兴起,权力的来源在意识形态中从天上降到地下,因此,即使清末立宪派主张保留皇帝和皇位,其代表的对象也不再是"天",而是由千千万万具体的人所构成的"民族共同体"。因此,构建于数千年传统宗法社会基础上"家国同构"模式的皇权专制国体,其制度自信的基础也必然随着"天下观"的破灭而彻底丧失合理性与正当性。

因此在晚清时期,中国社会的经济基础、意识形态和政治上层建筑三者之间的动态平衡被彻底打破,从而表现出了激烈的矛盾冲突。一方面,旧有的儒家意识形态在外来思想的冲击下逐渐动摇,各种新兴的政治理论和思想学说期望指导并构建一种新型的政治制度,同时,中国新兴阶级的不断发展壮大又为这种变革提供了强大的动力;但另一方面,当时中国社会的传统宗法结构尚未遭到彻底的破坏,传统的生产生活方式依然根深蒂固,而旧有的经济基础必然不断地重新生产并巩固着传统的政治关系。在这两方面的合力作用下,中国政治制度的近现代变革之路以及制度自信的重构都必然显得格外的曲折和反复。

2."绅""军""党":近代中国国体内支配阶层组织形式的变迁

旧制度的腐朽与崩塌,并不意味着新制度的自动产生,从国体的变迁路径来看,通常存在着两种不同的重建机制。一种机制表现为旧支配阶层在国体结构内,通过组织形式的变迁实现相对地位的变化。在传统社会中,这一机制往往表现为代表分权要求的割据势力与代表集权要求的专制势力之间的冲突。第二种机制则是马克思主义政治学经典理论所描述的那样,社会中孕育并产生的新兴阶级通过各种暴力或非暴力的手段渗入国体结构,最终夺得并掌握国家权力。这通常意味着近代化进程中的政治革命,其性质可能是资产阶级革命、新民主主义革命或是无产阶级革命,而且这种政治革命在后发国家又通常与民族独立运动相交织。

在一个处于近代化过程中的社会,国体结构变迁的两种机制通常交替运行,旧支配阶层因为地位变动而导致的政治混乱,通常为新兴阶级的发展及最终夺取国家权力创造机会。从晚清时期中国社会的经济基础来看,新兴的资产阶级和无产阶级并未发育成熟到足以夺取政权的地步,因此,国体结构的变迁仍然以旧支配阶层之间的地位变化来反映;而到了国民革命时期,在西方思想与经济渗透规模不断扩大的情况下,新兴阶级日益发育,并借助强大的动员能力与崭新的组织形式迅速夺取并掌握政权。因此,近代中国政治上层建筑的国体内各支配阶层组织形式,其变迁最终表现为"专制皇权—绅军政权—军绅政权—党国政权"的脉络,而中国社会传统支配阶层之间、地主阶级与资产阶级之间,以及剥削阶级与被剥削阶级之间的矛盾发展,不仅反映了这一演进脉络的政治逻辑,同时也构成了该历史阶段中国政治制度变迁的内部驱动。

(1)从"专制皇权"到"绅军政权"

所谓"绅军集团",特指由秉承传统儒家思想的士绅阶层所主导,并且掌握较强军事力量的社会集团,而由该集团所支配的国家,即为"绅军政权"。在晚清时期,由于清朝政府原有军事力量的腐朽,单凭满蒙八旗和各地绿营军已无法抵御各地以太平天国为主的农民暴动,因此,清朝政府鼓励士绅阶层动员并编练民间武装予以协助。随着战事的推进与发展,这种民间武装不仅发展壮大为镇压起义运动的主力,甚至在战后还担负起维护国家安全、抵御外侮的重任,而领导这种民间武装的士绅阶层,在军功、军权,以及各地宗族力量的支持下逐渐进入国体结构,成为清朝皇权重要的支撑。同时,这一阶层在某种程度上也起到了制衡皇权的作用。绅军阶层进入政治结构的同时也意味着该阶层必须与满族统治者共同承担起维护国家主权,并领导中国社会从传统向近代发展的重任。

与此同时,儒家思想中"天下观"的式微,并不意味着整个儒家意识形态会立即消亡。因为作为一种社会思想结构,儒家思想中确实有部分内容是为皇权专制张目,但也有很大部分内容总结和反映着宗法社会中的人伦规范,而传统士大夫们在近代中国"视救亡图存为己任"的使命感,也明显受益于此。虽然这种使命感带有明显的精英主义倾向，但在传统"天下观"破产之后，却也促使"绅军集团"自觉地承担起"保国保种"与"救亡启蒙"的责任与义务。

综上所述我们不难看出，绅军集团中的领导层——上绅阶层，在意识形态上仍以捍卫儒家思想、恪守君臣之义为己任；在经济基础上仍然代表着宗法社会中地主经济这一自然的生产方式；在政治结构里，他们虽然掌握了强大的军事力量，但权力的正当性仍然主要来源于旧制度中专制皇权的授予。因此从这个意义上来说，绅军阶层并不能单独构建和支配一个政权，而是与专制皇权处于一种共生的状态。因此，在士绅阶层所领导的近代化进程中，即便他们能够承认西方在"器物"层面的先进性，但其对于近代化的"最大的让步，不过是'中学为体，西学为用'"[1]，其救亡诉求也处于既要"保中国"，又要"保大清"，更要"保儒教"的尴尬地位。所以"绅军集团"作为一种典型意义上的传统社会经济基础与意识形态共同塑造下的产物，其根本利益是与近代工业社会相抵牾的，因此由其领导的近代化进程，也必然难逃失败的命运，这从 1861 年开始的"自强运动"、1898 年的"维新运动"，以及 1905 年开始的"立宪运动"等诸次近代化尝试中绅军集团极其软弱与保守的态度得以证明。但从积极的一面看，由于绅军集团对清朝政权的忠诚和对军队的掌控，至少也阻止了中央政府的过早垮台，从而避免了中国像印度、越南等国一样沦为完全的殖民地国家。

最后还需指出的是，绅军集团作为一个社会阶层，虽然在主体上仍然效忠于清朝政权，但其在国体结构内地位的提升，本身就意味着专制皇权的衰弱与分割，而义和团运动中各省督、大臣默契的"东南自保"运动，则是地方侵夺并分割国家主权中"宣战与媾和之权"的典型表征。这种中央权力衰败与地方权力膨胀的后果，不仅从根

---

① 陈志让：《军绅政权——近代中国的军阀时期》，生活·读书·新知三联书店 1980 年版，第 1 页。

本上断绝了中国学习德国、日本那种通过加强中央权威、自上而下推动国家近代化的路径，而且也为日后军绅集团的崛起与军阀割据埋下隐患。

（2）从"绅军政权"到"军绅政权"

中国近代史学家郭廷以曾言："湘军领袖多为儒士，有其抱负，重尚道义，不必全视曾国藩的举措为向背……淮军将领流品不齐，出身与教养，多不能与湘军相比，十之八九为乡里豪强与不学武夫，志在富贵，惟李鸿章之命是从。"①如果进一步延伸，淮军消亡后由袁世凯所领导的北洋集团，在传统士人眼中则更为不堪。

从以上这段关于清末绅军集团领导人物更迭趋势的描述中，我们能够清楚地看到，如果说"绅军集团"还有传统的儒家意识形态作为支撑，那么，"军绅集团"则是"绅军集团"去意识形态化之后，以"富""贵"等利益目标为凝聚手段的"堕落形式"。

在晚清，虽然淮军、北洋集团中士人阶层的流品已远不及湘军集团，但由于其主要力量仍受李鸿章、张之洞、刘坤一等传统文人官吏的宰制，所以还勉强称得上"绅军"，但洋务运动的破产，尤其是新式的北洋水师和半新半旧的淮军在甲午战争中的覆灭，导致"绅军集团"失去了其赖以存在的物质力量——军队；其次，随着辛亥军兴、共和初建，以清朝政权为代表的皇权专制的垮台，导致"绅军集团"无法再从旧有的政治结构中获取政治权力；最后，由于儒家意识形态本身地位的动摇，原先由专制皇权所占有、由士人阶层所实际掌握的意识形态解释权也随之削弱。换言之，士绅阶层在失去专制皇权的庇护之后，也丧失了在意识形态上裁断"有道"与"无道"的权力。所以士绅阶层在"绅军集团"中的地位在甲午战争之后急速跌落。但是，由于"绅军集团"在中国的社会基础——宗法社会依然存在，因此该集团并未立即解体，只是"绅"与"军"的从属地位发生了

---

① 郭廷以：《近代中国史纲》，格致出版社2012年版，第125页。

倒置，军人阶层在北宋之后的中国历史中，极为罕见地重新站到了政治舞台的中央。

自淮军覆亡后，模仿西方列强组建的新式军队，不仅被视为抵御外侮的利器，更被寄予了"社会变革模范"的期望，如梁启超就曾在《中国魂安在乎》一文中写道："今日所最要者，则制造中国魂是也。中国魂者何？兵魂是也，有有魂之兵，斯为有魂之国。"①而且晚清时期中国政治上最主要的两支变革力量——立宪（改良）派与革命派，均对新军寄予厚望。前者希望通过"训练新军人，把中国变成军国"，认为如此"民族主义就可以发扬"，中国就能"变成帝国主义列强之一"②；而革命派则希望依靠新军推翻清朝，建立共和。但从之后辛亥革命的历史现实看，中国本土各种类型的武装力量不仅没有承担起现代化的重任，反而迅速与代表传统生产方式和旧意识形态的士绅阶层相结合，从而组成了带有割据倾向的军绅集团。

与绅军集团相比，军绅集团的权力来源更为单一，其力量大小完全取决于各集团所掌握军队的质量与规模，而维持和扩张军队又必须以控制土地、掌握资源为前提，因此，军绅政权必然将地方行政权高度集中在自己手中，以便在混战中迅速攫取社会资源。所以在军绅政权所控制的中国，虽然原本集中统一的皇权消失了，但分散了的专制权力在各地方却愈发膨胀，使得各地军绅政权均带有极强的"封建割据"特征。同时，各地军绅集团又大都与西方列强相勾结，因此，与中国传统社会中拥兵自重的军人集团相比，其又带有明显的西方"殖民地"代理人特征。

最后，虽然皇权专制的权威被消灭了，但民主共和的权威却并未树立，"洪宪称帝""张勋复辟""新旧国会""总统贿选"等一系列历

---

① 梁启超：《自由书》，中华书局（台北）1979 年版，第 39 页。
② 陈志让：《军绅政权——近代中国的军阀时期》，生活·读书·新知三联书店 1980 年版，第 111 页。

史丑剧的接连上演,使得中央与地方之间、南北政府之间、各地军阀之间,无论在"道统"还是"法统"上均失去了统一的裁判,各地军绅政权在相互征伐的过程中卫道的卫道、护法的护法,但在磊落口号之下所隐藏的实际目的,仍不外乎扩大或维持地盘。所以军绅集团作为一种具有更大离心倾向的社会集团,尽管掌握了较为近代化的军事力量,其实质仍不过是传统社会中的地方割据势力,因此由它所构建与掌握的政权,同绅军政权一样不可能领导中国走上近代化的道路。但从另一个角度看,旧有意识形态的解构、西方帝国主义列强的入侵、科学与民主等新思想的广泛传播,以及社会中新兴阶层的不断成长等诸多因素,又从根本上阻断了军绅集团通过传统的兼并战争来修复或重建"家天下"模式皇权专制的路径。因此,要想构建一个更具近代意味的国家,要想重新整合辛亥之后犹如一盘散沙的中国社会,就必然要求一种更具凝聚力与动员能力的政治组织形式——政党。

（3）从"军绅政权"到"党国政权"

在马克思主义理论中,"政党是阶级的组织,是阶级斗争发展到一定历史阶段的产物"[1],但在中国,政党的产生却首先是民族危机发展到一定程度的产物,因此"排满"与"保种"通常构成了中国早期革命党的纲领核心。然而,客观地说,在推翻清朝政府的整个过程中,革命党人所做出的贡献主要在于宣传与动员,其在组织与领导上的作用远不及传统士绅阶层与新军将领。辛亥革命之后,以中国同盟会为代表的"革命党"纷纷尝试向"议会党"转型,但随着宋教仁被刺、袁世凯称帝,以及新、旧两套国会之间的龃龉,使得这种转型无疾而终。

护法运动失败后,孙中山在颠沛流离中痛定思痛,开始对国家的

---

① 王沪宁主编:《政治的逻辑——马克思主义政治学原理》,上海人民出版社 2004 年版,第243 页。

性质有了更加深刻而又清醒的认识，因此其关于政党的思想也从原先的"立党救国"向"立党建国"转变，并正如他在国民党改组后所说的："我们现在并无国可治，只可说以党建国。待国建好，再去治他。"① 从这一表述中我们能够看出，中国的政党与西方的政党所承担的使命和任务存在着极大的差别。在西方，首先形成的是近代民族国家，随后才如马克思主义理论所分析的那样，国家中的各阶级、阶层逐渐整合并形成代表自身利益的政党；但在中国，政党建立时整个国家还处于传统的皇权专制社会，而即使在推翻清朝政权之后，有志于构建近代民族国家的政党，也仍需面对一个强大并且传统的北方军绅政权以及四分五裂的割据势力。

从中国国民党的历史来看，它的组织形式首先脱胎于中国传统的会党模式，即以个人效忠为其凝聚纽带。很显然，在清朝政权覆灭后，新型国家的构建不可能以这种会党的组织模式为基础。与此同时，由于孙中山本人具有西方，尤其是美国政治知识的教育背景，因此在其早期的政治思想中主张的是"三权分立"和"议会总统制"等政治组织形式，这从孙中山早年在美国改组致公堂章程时规定"事权分为三等，一曰议事权，一曰行事权，一曰判事权。而总权则集于堂友之全体"②中可见一斑。孙中山的这种组织思想不仅在之后成立同盟会时得以延续，而且在修订《中华民国临时约法》时表现得更为清晰。孙中山这种将外国认为是最"先进"的政府组织原则引入党内组织机制，再将党内组织机制扩展为本国国家体制的路径，已经清晰地反映出他"以党立国"的思想逻辑，而这种"党国同构"的国家组织形式，在当时的中国社会具有相当的先进性与合理性。

以"党国同构"取代"家国同构"的基本原理在于，这是一种在组

---

① 《孙中山全集》（第9卷），中华书局1986年版，第10页。
② 《孙中山全集》（第1卷），中华书局1981年版，第263页。

织化程度极低,同时又失去中央政府权威的传统社会,通过构建高度组织化的领导集团来重新整合社会力量、动员基层群众、凝聚意识形态的必然选择。但是,欧美较为松散的政府组织形式,其目的在于制约和监督公权力的扩张,因此按照这种"党构"原则组织起来的政党,显然无法承担起对内动员群众、对外消灭军阀的重任。幸运的是,恰在此时,通过中国共产党的引介,孙中山最终选择了一种更加适应中国革命形势需要的党组织的结构——"列宁式政党",并且以此种组织形式建构了将党、政、军权高度集中统一的广州国民革命政府,从而基本实现了孙中山"吾人立党,即为未来国家之雏形"①这一"党国同构"政权的理想。

中国国民党所构建的"党国政权"尽管存在着很大的历史局限,但与传统的"军绅政权"相比已具有了极为明显的革命意味。首先,从阶级构成上分析,1924年前后孙中山所改组的中国国民党还不是官僚资本家、新军阀以及帝国主义所操纵的政党,而是由新知识分子、民族资产阶级、城市中产阶层、学生、新军军人,以及民间士绅所构成,国民党的这种阶级构成在当时与人数极少的共产党相比并无根本上的区别,这也是两党能够相互合作的基础与前提。与之相比较,在军绅政权中掌握国家权力的,仍以大军阀、传统文人、大土地所有者,以及帝国主义代理人为主,因此从阶级基础来看,大革命时期的国、共两党已具有明显的革命性。

其次,从意识形态上分析,1924年前后的国、共两党均赞成并拥护"新三民主义",并且两党在民族、民权问题上并无大的分歧,唯有在民生问题上,"共产党要以共产主义解释民生主义,而国民党要以民生主义解释共产主义"②,但这种分歧能够被最高纲领与最低纲领的分设予以调和。由此不难看出,国、共两党已经能够自觉地用一

---

① 《孙中山全集》(第3卷),中华书局1984年版,第184页。
② 叶曙明:《中国1927·谁主沉浮》,花城出版社2010年版,第49页。

种更现代的意识形态来整合广大党员，从而构建起一个较"利益共同体"更具凝聚力的"意识形态共同体"。相比较而言，军绅政权所构建的政治制度虽然在某种程度上也具有近代国家的外观，总统、议会、法院等设施一应俱全，但其仍将传统的儒家思想作为制度的合法性来源，这从军绅政权大多尊孔，甚至北洋政府还数次动议将孔教写入宪法以立国教的尝试中得以证明。另外，由于在军绅政权中，传统士绅阶层已跌落为军人阶层的附属阶层，所以即使他们仍在努力维持儒家学说的意识形态地位，但从严格意义上说，军绅集团已很难重新凝聚为意识形态共同体，而只是一种以利益为导向的派系集团，这从直、皖、奉各系，川、湘、云、桂各省军阀相互之间纵横捭阖的联盟与混战中能够得到有力的证明。

最后，"任何大规模的军事决战都是一场组织力和社会动员力的比赛"[1]，而政党领导结构的制度化水平，则直接反映了政党的组织化程度与动员能力，从这一点来看，国、共两党在引入苏共的组织原则后，其制度的现代化程度远高于军绅集团。而从动员能力来看，军绅阶层作为一种传统专制政权，仅是将社会视为资源汲取的对象，将人民群众视为政治统治的对象，而国民党和共产党在1924年到1927年期间，则是始终将广大人民群众视为政治动员的对象。如果按照亨廷顿关于政治权力与政治参与相互关系的理论分析，即军绅政权只是继承了原先传统的政治权力，而国、共两党则通过动员的方式将更多的社会阶层纳入政治体系，从而极大地扩大了政治权力。从国民革命前的社会动员过程来看，国民党在动员民族资本家、中产阶层以及民间乡绅方面取得了相当的效果，而中国共产党则在动员工农方面取得了更大的成功，这也是1927年4月之前的北伐能够迅速取得成功的主因。

---

[1] 金观涛、刘青峰：《开放中的变迁——再论中国社会超稳定结构》，法律出版社2011年版，第344页。

另外需要指出的是,孙中山去世之后的广州革命政府以及国民革命军,在北伐进程中不断蜕变,原先反帝、反封建并举的宗旨逐渐演变为"攘外必先安内",质言之,即将反帝的任务搁置了下来。随后,蒋介石政府以消灭割据势力为目标的"安内",又逐渐演变为对军阀们的收买和对共产党人的屠杀。因此在国民革命后,军绅政权虽然在形式上退出了历史舞台,但军绅阶层却明目张胆地渗入了党国政权,从这个意义上看,称蒋介石沦为"新军阀",称北伐战争从开始的国民革命战争沦为新、旧军阀间的兼并战的判断并无偏颇。从消极的一面看,北伐不仅劳而无功,而且从革命性流失的角度评价,国民革命最终也并未能突破传统的束缚并取得成功。但从积极的角度看,国民党政府至少在形式上结束了分裂的局面并重建了中央权威。在国体结构内,虽然旧的传统士绅阶层、军阀势力,以及帝国主义代理人仍然掌握了大量的政治权力,但新兴的民族资产阶级也逐渐发展壮大。这种国体结构一方面反映了传统势力的顽固与反动,反映了中国新兴阶级的妥协与软弱和资产阶级作为剥削阶级反对与压迫人民的本质属性;另一方面也表现出了"党国同构"的政权相对于传统政权具有更高的组织化程度与制度化水平。这种结构虽然无法阻止国民党内各派系的内耗,但它至少能够通过政党这一媒介将社会中的新、旧阶级以及各主要支配阶层组织进政治上层建筑的框架之内,并极大限制割据战争的规模与频率,而这种过渡性质国体的初步构建,也为中国资本主义的发展以及 20 世纪 30 年代后期的全民抗战打下了一定的基础。

(二)新旧政体的更迭与制度自信重构的探索

1840 年鸦片战争之后,在传统皇权专制的国体结构内,各新旧阶级、利益阶层之间的矛盾和冲突已开始呈现出逐渐激化的趋势,加之西方列强以及日本等外国势力的武装入侵与殖民渗透,使得这种激化的趋势进一步加速。新旧阶级与利益阶层在国体结构内矛盾的发展，也必然驱动着政治上层建筑的外层结构——政体层面，更具体地说，表现为政治制度的剧烈变迁。而清末民初国体结构本身不稳定的特征及其过渡性质，又决定了这一时期政治制度变革的复杂多变与曲折往复。但从总体趋势来看，大致可以分为两个阶段：第一阶段表现为旧制度的改良与失败，第二个阶段则表现为新制度的探索与构建。两阶段之间的分界线，则是 1911 年的辛亥革命。

1.晚清时期传统政治制度的改良与失败

清朝政府与传统官僚阶层在第二次鸦片战争之后，为挽救即将覆亡的政权，也曾被动地尝试领导中国自上而下进行近代化变革，并主要经历了洋务自强（1861—1895）、维新变法（1898.6—1898.9）以及立宪运动（1905—1911）三大阶段。如果说第一阶段洋务自强运动的变革还主要集中于器物层面，那么在维新变法阶段，中国的士绅阶层已将目光聚焦至制度层面。以慈禧太后为代表的晚清统治集团镇压戊戌变法后不久，即在对外战争中再次溃败并签订了丧权辱国的《辛丑条约》。为了维持统治集团内部摇摇欲坠的团结，慈禧太后不得在 1901 年颁布谕旨称："法令不更，痼习不破，欲求振作，当议更张"，以示全面推动包括政治制度变革在内的新政。

新政在政体层面的变革主要表现在：（1）从国家根本政治制度上看，清政府宣布预备立宪，并承诺由君主专制政体向君主立宪政体过渡，与之相配套的具体改革"文件"与措施，主要是颁布了《钦定宪法大纲》《九年筹备清单》，成立了中央层面的资政院与地方层面的咨议局。（2）在中央政务体系构建层面，清朝政府从改革总理衙门为外务部开始，陆续设立商、学、邮传、巡警等各部，废除满汉双重领导，实行单首长制。随后效仿英、日政制，成立了中国有史以来第一个制度性的、以总理大臣为阁首的责任内阁，使整个行政机构的形式向立宪政体靠拢。（3）从人才选拔制度层面看，新政宣布废除八股与科举制度,在国内举办新式教育,同时选派公费、鼓励自费留学生出国学习,并通过授予官职与功名予以激励。这些措施在较短时间内促使中国的新式知识分子群体迅速膨胀,社会声望快速提高,而新知识分子群体也不负众望,成为推动中国社会各领域近代化发展的生力军。(4)在法制层面,晚清政府参照西方国家的法律,先后修订并颁布了《大清刑律草案》《大清商律草案》《大清民律草案》《大清刑事诉讼法》《大清民事诉讼法》等法律,从而在中国历史上首次对商、民纠纷有了法律规范,这也从另一个角度反映了中国政治上层建筑社会管理职能的加强与进步。

从晚清政府所领导的近代化变革来看,无论是皇帝宗室、满族权贵还是汉族士绅阶层,均想通过仿照日本明治维新的模式与路径推动新政,但各阶层在变革的根本目的上却存在着巨大的分歧。爱新觉罗皇室推动变革的目的在于尽可能地保存皇位;满族权贵的目的在于维持本阶层甚至本民族在国家中的特权地位;汉族士绅阶层则一方面想要主导国家的近代化进程,另一方面对于民间士绅、民族资产阶级的革命诉求与民众的参与,又表现得十分警惕。因此,正是各主要支配阶层之间的分歧与矛盾冲突,导致晚清时期的政体变革表现出极大的虚伪性与妥协性。

首先,正如托克维尔所言,"对于一个坏政府来说,最危险的时刻通常就是它开始改革的时刻"①,如果不从政府"道德"属性上的"好""坏"去考察,我们同样可以认为,传统政治制度的稳定性在近代化进程中最容易受到威胁,即"现代性孕育着稳定,而现代化过程却滋生着动乱"②。另外,由于晚清政府统治集团内部的各个阶层并没有像日本、德国那样凝聚起充分的改革共识,所以在中国,这种自

---

① ［法］托克维尔:《旧制度与大革命》,商务印书馆1992年版,第215页。
② ［美］塞缪尔·P.亨廷顿:《变化社会中的政治秩序》,上海人民出版社2008年版,第31页。

上而下的政治体制变革缺乏集中统一的中央权威。与此同时，各地方逐渐成形的绅军集团，其离心倾向又导致国家主权的进一步流失。在这样一种局面下，晚清政府在推行新政的过程中，一方面需要面对近代化过程中所滋生的各种不稳定因素，另一方面，中央政府既无足够的政治权威，又无充分的财政支持以解决和消化滋生动乱的根源，从而导致越改越乱并最终覆亡的结局。

其次，如果仅从形式上看，新政所推行或允诺的政体变革已具有相当的近代化外观，但是，无论是总理内阁成员还是中央各部的设置，依旧仿照中国传统"吏、户、礼、兵、刑、工"六部进行权限和职能划分，这反映了新政中政治制度变革"新瓶装旧酒"的不彻底性。另外，晚清政治结构中最靠近传统权力核心、以清朝权贵阶层为代表的顽固派，在政治制度改革的过程中，不仅不打算放弃任何实权，还企图通过以下方式排斥汉族士绅阶层：(1)借取消中央政务系统中满汉复职制度的变革，革除各部汉族"主官"；(2)使皇族成员与满族权贵占据绝大多数的新内阁职位，"借立宪以行专制，假设阁以集皇权"；(3)削弱汉族地方大员的军、政实权以降低汉族士绅阶层在地方政体内的地位。因此，新政的推行不仅没能缓和支配阶层之间的矛盾，反而导致满汉民族之间、满族权贵与汉族士绅之间，以及中央朝廷与地方大员之间矛盾的进一步激化，并且把原先主张"保大清"的立宪改良派也推向了主张"排满"的革命派，使得清朝政权的阶级基础被进一步削弱。

最后，政治体制近代化变革的重要内容之一，通常表现为政体能动员并吸纳社会新兴阶层参与到现有政治框架之内，从而为变革中政体的合法性提供更为广阔和深厚的社会基础。但从晚清新政的具体措施来看，它一方面取消了传统的科举考试，堵塞了传统士绅阶层进入政体的正常渠道；另一方面，近代实业的创办、新式学堂的教育与西式新军的编练，又为中国社会培育了大量的军政新式人才。然而，"官本位"的传统社会又决定了通过功名的授予并无法吸纳急剧膨胀的"精英"群体，而且从根本上说，清朝权贵阶层，甚至包括在朝的汉族士绅阶层都不希望向新兴阶级让渡手中的既有权力。因此，这些新兴阶级不仅没能为传统政权领导下的近代化变革提供力量支撑，反倒如金观涛语，扩大了传统社会中的"无组织力量"，最终演变为瓦解旧政治上层建筑的决定性因素。

综上所述，在传统的政治框架内，由旧有支配阶层所领导的政体变革，亟须解决的问题在于，如何直面领导集团在变革过程中自身传统性权威的流失与近代性权威的重建。即按韦伯所言，在于如何用"法治型支配"取代原先的"传统型支配"，以及过渡时期的"卡里斯玛型支配"①，即在制度变革的同时，从某种意识形态中汲取足够的制度自信为新的政体提供合法性基础。但是，清朝改革失败的关键在于，没有把握住历史机遇妥善解决这一问题，而是借政治制度形式上的变革谋取旧支配阶层的私利，这也是政治体制改革失败的重要原因。

2.中华民国时期近代政治制度与制度自信的探索与构建

1911年的辛亥革命，推翻了中国数千年的君主专制制度，并直接跨过尚未"来得及"完成的君宪改革，在平地上骤然建起一座民主共和的大厦。如果按国家属性分类，辛亥革命前的专制君主制属于地主阶级专政，那么，无论是过渡时期改良派主张的君主立宪制，还是革命派主张的民主共和制，均是要求建立一个资产阶级专政的国家。但正如上文所述，辛亥革命之后，接过政权的既不是"发育不良"的民族资产阶级，也不是尚未形成阶级意识的无产阶级，而是由传统"绅军集团"蜕变而成的"军绅集团"，该集团主要代表的依然是旧经济基础和地主阶级，外加外国殖民者的利益。因此由该阶层所构建并支配的政体，与清末"新政"相比较，即便呈现出近代化的

———————

① 《韦伯作品集II》，广西师范大学出版社2004年版，第303页。

外观,在内容上也并不会具有更多的革命意味。

但如果我们从历史发展的角度看,机器化大生产毕竟是先进于自然生产的生产方式,资产阶级毕竟是先进于地主阶级的新兴阶级,因此,尽管清末新政借立宪为名所进行的政体改革带有极大的虚伪性与妥协性,随后以"军绅集团"为代表的封建割据势力又迟滞了中国的近代化进程,但代表新兴资产阶级要求的"宪政""分权"以及"民主"等政治理念却在社会中得到广泛传播,并成为辛亥革命之后构建新型政体的"合法性"基础。因此,由清末肇始的政体变革,不仅不会因为清朝政权的垮台而中断,更不会因为封建复辟势力的割据而停滞,反而会因为皇帝宗室、清朝权贵,以及军绅阶层等种种阻挠近代化变革因素的被扫灭而加速它的进程。

具体来说,辛亥革命之后不久,整个中国就开始处于一种四分五裂的状态,各割据势力范围之内的政治主张与政体形式也不尽相同,但从总体趋势来看,主要的两支政治势力,即定都北京的北洋政府与广州国民革命政府,不仅都自称中华民国的"正朔",而且其政体构建的具体形式,也大体延续了民国元年颁布的《中华民国临时约法》的精神。总体而言,1911年到1949年间中华民国在构建近代政体的探索进程中,其成果与不足主要体现在以下这几个方面:

(1)彻底扫除了君主制度。君主制度几乎是世界大部分政治文明在发展进程中都曾经历过的一种制度,在中国,具体表现为君主分封制度、皇权专制制度,以及清末改良派理想中的君主立宪制度。辛亥革命胜利、皇帝退位,从此结束了中国历史悠久的君主专制制度,而张勋复辟所引发的全社会范围内的激烈反对,则证明了这种制度在中国已完全不得人心。但是由于英、日,以及"一战"前德国的君主立宪制度在近代化进程中所表现出的功利性作用,使得该制度对于中国的传统知识分子,尤其是掌握实权的在朝士绅具有很大的吸引力。但辛亥革命发生后,在政治制度上"取乎其上、得乎其中"的国民心态,使得带有较多妥协色彩的君宪制度无论在理论还是实践上,都被更为"先进"的民主共和制度所取代,这从 1915 年袁世凯宣布实行君主立宪但应者寥寥的现实中能够得以反映。因此可以说,辛亥革命之后不久,尤其是张勋复辟的失败,证明了君主制度在中国已彻底失去了其重建的可能。

（2）初步构建了形式上的国会制度。但凡民主政体,在制度上都会以一个最高权力机构——"大会"来体现其"民主"属性,例如直接民主制度下的"公民大会""民众大会",或是代议民主下的"众议院""国会"等等。因此在南京临时政府成立之初,就规定由中华民国的国会雏形——"临时参议院"掌握国家的最高权力。从法理上说,在中华民国是由"临时参议院"而非"临时大总统"掌握原先由"皇帝"所拥有的国家主权。更形象地说,即皇权从"一人"之手转入"众人"之手,至少在形式上接近了孙中山"四万万人做皇帝"的理想。虽然在之后的政治实践中,无论是南京临时政府、北洋政府,还是 20 世纪 20 年代初的广州国民革命政府所组建的新、旧国会,不仅其成员并非来自民选,而且在前有军绅集团、后有蒋介石独裁政府操纵的情况下,国会始终受制于强大的行政力量,并且从未真正掌握立法、任免、宣战媾和等实际权力。

（3）基本确立了权力分立的制度框架。权力分立的原则可以说是资产阶级在探索与构建近代资产阶级共和国进程中的一项重要创新,而我们从清朝政权垮台后南京临时政府先后颁布的《临时政府组织大纲》与《临时约法》相关规定的变化中,也能够十分清楚地看到民国初期中央政治制度建构中三权分立原则的逐步形成与确立。首先,在 1911 年底颁布的《组织大纲》中赋予了"临时参议院"以立法、任免等权;其次,赋予临时大总统以行政大权,并统领全国军队;最后,授予大总统设置司法机关的权力,但另规定其须征得临时参议院的同意。从这些内容看,在《组织大纲》要求下所构建的中华民国政体已初具权力分立的框架,只是司法与行政机关尚未完全分离,但在随后 1912 年 3 月颁布的《临时约法》中,已十分明确地增设了拥有独立司法权力的法院，并赋予了总统对国会议员的弹劾权，由此基本确立了资产阶级共和国三权分立的基本框架。尽管孙中山后来结合中国传统政治智慧，提出了五权分立的主张，但在"军政"与"训政"阶段，该主张还只能说是一种政治理想，在历史实践上也并未得到更多的检验与推进。

（4）政党逐渐构成政治活动的主体。在政党这种更具近代意味的组织与动员方式的帮助下，广州国民革命政府最终取得了北伐的胜利，而蒋介石依靠孙中山的人格魅力与巨大威望，借助人民群众希望结束军阀混战的强烈愿望，以及通过血腥的"清党"，最终形成了国民党一党独裁的"党治"政体，使得政党构成了政务系统的领导核心。国民党"党治"政体从领导体制上主要包括三个方面：一是通过国民党中央执行委员政治会议架空国会与政府，侵夺了主要的立法权与决策权；二是在政府部门中设立党部以指导和监督具体行政措施；三是从国民党党员中选拔主要军政官员。蒋介石正是利用这种"党治"体制获取了党、政、军大权，最终将孙中山"以党治国"的政治主张扭曲为"以蒋治国"，在内容上恢复了传统的个人专制。

综上所述，辛亥革命后中国近代政体的演变，其积极因素主要在于摧毁了传统的皇权专制制度，在形式上构建了近代民主共和政体，并且推动了近现代政治思想的传播。但从消极方面看，自1927年之后，蒋介石政府与传统军绅阶层以及帝国主义代理人——买办资产阶级合流，与代表无产阶级的中国共产党决裂之后，其组建的南京国民政府，几乎完全丧失了原先的革命性。具有讽刺意味的是，蒋介石政府所构建的政治制度，原先却是以革命性作为其制度自信的来源。不仅如此，蒋介石统治集团在20世纪30年代开始模仿德、意、日等法西斯主义国家，构建了"人民无权、中国国民党有权；党员无权、党的领袖专权"的"党治"独裁体制，从而在根本上放弃了孙中山理想中英、美式的代议制民主政体，剔除了资产阶级意识形态中的自由主义因素,使得中华民国政体中原本就不多的近代革命因素进一步流失。因此,这种将传统个人专制与法西斯思想混合在一起的政体,最终被推翻并由更加先进的政体所取代,也成为历史发展的必然。另外,晚清至民国时期政治上层建筑的变迁,其主要驱动力依然来自上层建筑内部,换言之,因为传统宗法社会结构的顽固性,由传统支配阶层以及资产阶级所领导的政治革命始终局限于上层建筑的领域而未扩展至社会领域,而由政治革命向社会革命扩展的历史重任,最终还是只能由中国共产党来领导和完成。

三、阶级国家:传统与革命合力下新型政治制度与制度自信的重塑

从晚清新政开始的君主立宪制改革,到1949年中华人民共和国成立,中国近代政治制度在形成过程中主要受到世界上三种政治模式的影响:一是英、美式的资产阶级民主治理模式。从孙中山组建的兴中会,到后来代表民主资产阶级的近代自由主义学者群体,都将此作为追求的目标。二是从20世纪30年代开始盛行的德、意、日法西斯主义独裁专制模式。该模式为1927年之后的蒋介石独裁政府提供了效仿的模板,而曾琦、李璜的"国家主义"①学说则为其理论概括。三是十月革命后苏联的马克思主义无产阶级专政模式。该模式在中国共产党领导的新民主主义革命与社会主义建设实践过程中,经过结合本土特点的中国化改造后,最终被确立为中国当代的政治上层建筑。

虽然这三种国家组织形式无论是在历史渊源、意识形态基础,还是阶级构成上均存在着极大的区别,但客观地说,它们都是近现代

---

① 陈旭麓主编:《五四以来政派及其思想》,上海人民出版社1987年版,第811页。

工业革命的产物。而中国人民最终选择了马克思主义指导下的无产阶级专政国家形式，不仅取决于近代世界与中国革命形势的发展，而且与中国数千年政治发展进程中所积淀的传统性息息相关。因此可以说，中国特色社会主义制度以及制度自信的形塑与构建，是中国传统与中国革命合力塑造的产物。

（一）人民民主专政国体的建构

唯心史观认为，政治发展的根本原因应该到人们的思想、文化中去寻找；相反，马克思主义唯物史观则证明，人类过去的全部历史是一部阶级斗争史，在复杂的政治斗争中，根本的问题在于代表旧生产方式的阶级要保持统治，而代表新生产方式的阶级要争得统治。马克思主义的阶级史观，可以说是分析政治发展最有效、最深刻的方法论，而且阶级史观同时也构成了无产阶级政党构建政治制度最深厚、最可靠的自信基础。

从传统中国社会的现实来看，一方面由于农耕生产的高度分散性，另一方面由于宗法关系对"地主—农民"之间剥削与被剥削关系的掩盖，使得中国社会中最主要的被剥削阶级——农民，很难自发地形成阶级意识，因此政治斗争主要表现在新、旧剥削阶级以及政治上层建筑内部的各支配阶层之间。然而这一趋势在近代发生了根本性的改变。在洋务运动开始之后的工业化进程中，中国的产业工人队伍随着资本主义的扩张以及资产阶级的成熟不断壮大，并且在中国共产党人的宣传与组织下，逐渐凝聚为中国历史上第一个拥有较为完整阶级意识的被剥削阶级——无产阶级。这个阶级通过与农民的联盟，通过艰苦卓绝的暴力革命最终夺取政权，并构建了一种全新的国体结构——无产阶级专政国家。但由于中国半殖民地、半封建社会的复杂性，由于中国社会结构与意识形态中传统因素的顽固性，中国共产党人所领导的暴力革命道路并非一帆风顺，其制度自信的构建同样也是克服了极端的艰难困苦,经历了极其曲折的历程才得以完成。

1."天下观""民族观"与"阶级观"变迁中制度自信的变迁与重构

自从中国闭关自守的局面被西方列强的坚船利炮打开之后,中国人关于国家的认识,便开始从原先的"天下观"向"民族国家观"变迁,这种变迁虽然具有革命的意义,但从更宏观的视角来看,仍只局限于意识形态而未覆盖至整个社会结构与政治结构。如果从这个意义上分析,辛亥革命前后的士绅阶层、新军军人以及被动员起来的民众所共同完成的"驱除鞑虏、恢复中华"之伟业,无论从社会维度还是政治维度来看,都不能说是一场彻底的革命,而只是后发国家创造革命条件的第一步——构建民族国家。

民族国家,按照西方学者本尼迪克特的观点,是一种建基于"想象"与"认同"之上的"社会共同体",因为在这种大规模的共同体之内,各个人之间不可能彼此互相认识,也不可能去过所有的地方,更不可能参与所有的历史以及正在发生的事件,所以这种"社会共同体"只能通过"想象"来凝聚。更具体地说,即通过组织者强调群体成员的普遍特征,如相同的语言文字、生活习惯、体貌特征等,灌输集体观念与记忆,如共祖观念、历史记忆等,以营造出一种对立于"他者"的自我认同感与集体忠诚感。因此,要构建一个"社会共同体"需要两个前提:一是在"共同体"内部,诸成员必须具备区别于其他共同体成员的普遍性特征;二是在"共同体"外部,需要存在一个对立的,或至少会对共同体构成一定压力的"他者"集团。而在中国的近代化进程中,由西方帝国主义殖民者构成的"他者"催生出了革命中旨在"保国"的"国家共同体";由清朝统治者构成的"他者",则催生出了革命中旨在"保种"的"种族共同体"。虽然由革命党人所构建的"种族共同体"提出的"排满"方略与宣传,其初衷是为了反抗种族压迫,同时也带有反抗专制的进步意味,但这种基于"一族一国"的种族意识形态也带有分裂国家的危险。如武昌起义中所打出的"十八星旗"仅象征了十八个汉人省份,这种较为狭隘的"排满"诉求虽然为凝聚民族情感、动员汉族朝野士绅与民众发挥了一定的积极作用,但同时也为西方列强,尤其是日本在之后侵略、分裂中国提供了可乘之机。

随着清帝的退位,以孙中山为代表的革命领袖与篡夺革命成果的袁世凯、段祺瑞等实力派人物,均能清醒地认识到狭隘的种族主义对于国家统一的危害,因此在民国肇始便迅速以"五族共和"的民族统一策略取代"排满"的种族革命路线,并自觉地发展、构建出"中华民族"这一与"中华民国"版图相契合的"共同体"观念,由此,"中华民国"作为一个民族国家的制度,才能从各族人民中汲取团结统一的自信。但之后不久,新的问题又随之而来:辛亥革命作为一次未完成的革命,仅仅完成了推翻君主专制制度的历史任务,这对于一个传统国家而言仅是展开其近代化进程的前提之一,而其他诸如实现国家统一、民族独立、构建近代政治制度,以及推进工业化等更具根本性的任务,仍需要对民众进行持续并且深入的动员。如果说清朝政权作为与"民族共同体"对立着的"他者",为辛亥革命提供了意识形态上的动员基础,那么在辛亥革命之后,随着这个"他者"的被消灭,在更加艰巨与深刻的社会结构的变革中,又该如何继续动员群众呢?

由于"民族共同体"在推动中国社会进一步变革进程中动员能力的削弱,有志于"继续革命"的中国国民党与中国共产党,开始沿着两条虽有重合,但在根本上存在分歧的道路进行努力,以期寻找新的理论基础为新制度提供自信。由于辛亥革命所积累的巨大威望以及孙中山先生的个人魅力,中国国民党始终掌握着一个在某种程度上享有"法统"的政权——"国民革命政府",这一法统虽然为国民党的统治提供了合法性基础,但同时也将由其领导的"继续革命"始终局限在民族国家的框架之内。中国国民党与军绅政权相比较,已经能够自觉地摒弃旧的意识形态,以"新三民主义"取代传统儒家学说。例如,国民党广州革命政府对于其主要敌人——"军阀"的定义,第一条就是"不顾国家利益,而且勾结帝国主义,依附于帝国主义"①。由此不难看出,在打倒清朝政权这个"他者"之后,1927年之前的国民党继续强调帝国主义这个"他者",以标榜自身为"民族共同体"的天然代表,从而维持并强化自身的凝聚力。而传统的军绅政权在战争动员时,却还停留在借用儒家传统中"有道"伐"无道"等抽象的宣传。但从另一个角度来看,国民党虽然按照苏共模式进行了改组,但其仍以民族而非阶级的方法来分析中国革命的问题。在"继续革命"的过程中,将军绅政权与帝国主义画上等号并继续张扬民族主义,确实能够促进新知识分子、进步军人以及民众的动员水平,同时在较短的时间内与各地割据势力,尤其是东北的张学良达成妥协,在形式上重塑构建于"民族共同体"之上的中央政权。但是这种政治制度不仅需要处理内部新、旧军阀之间,进步知识分子与传统士绅之间,资产阶级与地主阶级之间的尖锐矛盾,而且还需面对被阻挡在政治参与之外却日益壮大的工人阶级,以及日益觉醒的农民阶级。而作为一个本质上仍属于剥削阶级专政的政治上层建筑,不仅其内部代表地主阶级利益的传统守旧势力极为顽固,而且从国民党的意识形态基础上看,在一个"民族共同体"之内,地主与农民均是"平等"的民族成员,通过暴力来"平均地权"既不"合理"也不"合法",所以国民党所领导的中国近代化进程在广大农村便必然陷入困境,因而只能集中于城市。但是,作为工业化原材料的来源地以及工业产品的倾销地,广大农村如果得不到发展,工业

---

① 陈志让:《军绅政权——近代中国的军阀时期》,生活·读书·新知三联书店1980年版,第3页。

化的进展必然是极其缓慢与低效的。与此同时，北伐之后的南京国民政府又是中央与地方、新旧军阀之间相互妥协的产物，因此其掌握的中央权威并不比清朝政权和北洋政府高多少，从这一点来看，其并不具备自上而下推动社会改革的基本条件。因此，基于民族共同体所构建的政治制度在缺乏中央权威的情况下，将无法承担领导社会结构近代化改造的任务，或许这也是 20 世纪 30 年代国民党内少数知识分子所鼓吹的国家社会主义能够得到不少军人甚至是一部分群众支持的重要原因。

相反，作为马克思主义政党，中国共产党根据马克思主义的阶级观来分析中国近代化进程中的问题，这不仅能够从毛泽东同志关于中国革命问题的著名篇章《中国社会各阶级的分析》中得以反映，而且更能够体现在很多具体问题上。例如，同样是关于军阀的分析，以毛泽东为代表的中国共产党就沿用了共产国际的阐述，将其本质定义为"脱离群众、以军队控制政权、离开无产阶级领导"①。因此，中国共产党通过马克思主义理论的宣传，通过党的组织与动员，最终将中国广大被剥削者凝聚为一个共同体——无产阶级领导下的"工农联盟"。在这里必须指出的是，中、苏两国在革命实践中一个明显的区别在于，苏联共产党所动员和依靠的主要对象是工人，在中国则是农民。而毛泽东在马克思主义中国化过程中的杰出贡献之一，即通过实践证明了只要加以强有力的宣传与严密的组织，被西方马克思主义理论视为"一盘散沙"的广大农民，同样可以被组织和凝聚为一个自觉的"共同体"，并成为工人阶级最坚定的"同盟军"。因此，无产阶级政党只要在宣传中使他们认识到这一点，那么，无论是工人还是农民，都将迅速建立起关于自身阶级的认同感与忠诚感。同时，牢固的工农联盟也为中国共产党构建的政治制度在物质基础上提供了最深厚的自信之源。

---

① 《毛泽东选集》(第 1 卷)，人民出版社 1991 年版，第 86 页。

中国共产党所构造的"阶级共同体"在推动中国近代化进程中，最具革命性的意义还在于，对于一个有着极其悠久历史的传统社会而言，近代化变革最大的困难并不在于这个社会上层建筑的变迁，而在于该社会本身，即推动这个社会最基本组织结构的变革。对于中国而言，这种结构无疑就是通过血缘纽带所构建的无数个大大小小的宗法共同体。这种宗法共同体不仅构成了中国最广大农村最基本的组织形式，而且为政治上层建筑中封建地主阶级的继续存在提供了深厚的社会基础。但是这种宗法共同体由于其"颗粒"过小，所以并不像西方规模较大的封建领主共同体一样，因为分割了较多的国家主权而要在近代民族国家的构建过程中予以消灭。更具体地说，以家族为本位的宗法共同体并不直接参与国家权力的争夺，所以在政治革命中它们往往会被忽视。同时，宗法共同体作为民族国家的构成成分，在理论上与民族共同体并无冲突。因此要想打破传统的宗法共同体，唯有构建一种与之互不兼容并且存在根本性冲突的共同体，如此才能将其取代并最终赶出历史舞台。

其实，法家学派早在秦代便已尝试通过行政权力将宗法共同体打碎为原子式的家庭和个人，从而达到改造宗法社会的目的，但其失败的原因除了上文所述之外，还有一点即在于没有构建出一种新型的基层社会组织形式来取代它并防止它的复辟。中国共产党在马克思主义阶级学说的指导下最终完成了这一任务，即领导并组织了一种新型的共同体——"阶级"。阶级观念将原先隐藏在宗法共同体之内的剥削与被剥削的关系彻底地揭露出来，将广大农民从宗法纽带的束缚中彻底地解放了出来，并通过重新分配土地以彻底抽掉宗法共同体所赖以存在的经济基础，从而拆毁了中国传统宗法社会的组织基础，为中国政治上层建筑的鼎新创造了根本性的条件。从这个意义上看，中国共产党所领导的土地革命，按亨廷顿语，才是罕见的，是大多数社会从未经历过的革命，并且构成了"使一个传统社会现代化的手段"①。

2.从"工农民主专政"到"统一战线"：新民主主义革命进程中政治结构的变迁

在中国共产党的宣传与动员下，中国广大被剥削者的阶级意识逐渐觉醒，先进分子也开始逐渐被动员进中国共产党以及党领导下最严密的组织——工农红军当中，由此，建基于"阶级共同体"之上的中国共产党，便能够结合中国革命的实际情况，依靠农民、扎根农村，通过建立和扩大根据地以实现农村包围城市并最终夺取城市，从而建立无产阶级专政国家的革命道路。

1927年"宁汉合流"之后，由于中国共产党所领导的几次较大规模的起义在城市中相继失败，中国共产党被迫将工作重点转向农村，并陆续建立起数块根据地以尝试构建无产阶级政权，政权的组织形式，则以1928年中共六大通过的《十大政纲》《土地问题决议案》以及《苏维埃政权组织问题决议案》②为原则。由于当时中国共产党中央组织机构以及多数领导成员均集中于上海，因此开始并没有构建一个中央政府，各根据地之间也互不隶属。直到1931年11月，中华苏维埃第一次全国代表大会召开和《中华苏维埃共和国宪法大纲》颁布，才标志着中国共产党领导下的首个国家制度的建立。在这部无产阶级《宪法大纲》中明文规定：该政权是工农民主专政的政权，主要任务是反帝、反封建、统一中国、节制资本，以及发展国家"公营"经济。通过《宪法大纲》的内容，我们能够十分清晰地看到，中华苏维埃共和国的国体性质已经是被剥削阶级联盟——"工农"对剥削阶级的专政政权。另外在《宪法大纲》中也明确规定，该政权建设的最终目标是转变到无产阶级专政。因此，土地革命时期的中

---

① ［美］塞缪尔·P.亨廷顿：《变化社会中的政治秩序》，上海人民出版社2008年版，第220页。

② 中共中央党史研究室：《中国共产党历史》，中共党史出版社2002年版，第259—265页。

国共产党已经能够十分自觉地将政权构筑于广大被剥削阶级,而不仅仅是工人阶级的基础之上了,可惜这一尝试最终随着第五次反"围剿"的失败而暂时中断。

进入 20 世纪 30 年代,由于日本侵略中国的野心不断膨胀,中国共产党人所领导的中国革命不仅仍需承担反封建的重任,同时反帝的任务也日益加重,并且反封建与反帝这两项任务之间也开始出现较为紧张的关系。更具体地说,即在日本全面侵华的危机下,在反帝任务更为紧迫的形势下,如何分析中国革命的主要矛盾,如何团结最广大的反侵略盟友,构成了当时中国革命的主要问题。这一问题,不仅在马克思主义经典著作中找不到现成的答案,还曾经困扰过西欧的无产阶级,并直接导致第二国际的解体。但列宁曾精辟地指出,"不要避开资产阶级革命,不要对资产阶级革命漠不关心,不要把革命中的领导权交给资产阶级"①,以批判苏联革命中出现的两种错误理论:一是右倾的"万里长城论",即认为资产阶级革命与无产阶级革命之间隔了一道"长城",无产阶级在革命前,需要忍受资产阶级 50 到 100 年的专政压迫;二是"左"倾的"不断革命论",即如托洛茨基所主张的,传统社会可以跳过民主革命阶段,直接进入社会主义革命。在中国,这一问题显得更加复杂,即资产阶级性质的民主革命,不仅需要克服封建残余的阻碍,同时还承担着反侵略的民族主义革命的任务,在抗日战争时期,后者更构成了民主革命的主要内容。因此以毛泽东为代表的中国共产党人,再次从苏联革命的实践中汲取了经验与启示,创造性地指出:"在民族斗争中,阶级斗争是以民族斗争的形式出现的,这种形式,表现了两者的一致性。一方面,阶级的政治经济要求在一定的历史时期内以不破裂合作为条件;另一方面,一切阶级斗争的要求都应以民族斗争的需要(为着

---

① 《列宁选集》(第 1 卷),人民出版社 1995 年版,第 558 页。

抗日）为出发点。"①所以中国共产党的抗日主张，并未沿用资产阶级革命所普遍采用的"民族国家"这一框架，而是创造性地将社会中所有反对日本帝国主义的力量，以阶级为单元组织进"统一战线"之内。在抗日战争这种关系到中华民族生死存亡的特殊时期，中国共产党不仅以巨大的理论勇气提出"阶级斗争是以民族斗争的形式出现的"，而且在全国范围内的"统一战线"中承认国民党的暂时领导，但也同时强调，中国共产党与无产阶级绝不能丧失自身的独立地位，并且尖锐地指出，在无产阶级尚未掌握政权的背景下，"'一切经过统一战线'是不对的"②。

因此，尽管中国共产党承认国民党的领导地位，但其在抗战前后实际控制的地区，仍按照新民主主义革命要求独立建设自己的"统一战线"政权，其组织过程可以从1936年和平解决"西安事变"后，中国共产党将其实质上的最高权力机构"西北办事处"改制为"陕甘宁边区政府"的过程中予以反映。在这一过程中，边区根据地首先在边区构建了由代表无产阶级和贫农的"共产党员"、代表小资产阶级与新知识分子的"非党左派进步分子"，以及代表民族资产阶级和开明士绅的"中间分子和其他分子"组成"三三制"边区政权；其次，边区政权的最高权力机关从原先代表工农阶级专政的"苏维埃代表大会"，变革为直选产生的"边区参议会"③，共产党则主要通过参议会中党员"在质量上具有的优越条件"来"保证党的领导权"④。因此，这种由工人阶级领导的、以工农联盟为基础的、带有联合政府意味的政权组织形式，反映了随着形势任务的变化，新民主主义革命时期边区政府的国体性质已从土地革命时期的被剥削阶级对剥削阶级的专政，转向无产阶级团结农民阶级，并联合一部分剥削阶级

---

① 《毛泽东选集》（第2卷），人民出版社1991年版，第539页。
② 《毛泽东选集》（第2卷），人民出版社1991年版，第539页。
③ 林炯如：《中华民国政治制度史》，华东师范大学出版社1995年版，第352—353页。
④ 《毛泽东选集》（第2卷），人民出版社1991年版，第742页。

组成"统一战线"的共同革命。

1945 年抗日战争的胜利并不意味着新民主主义革命的完成,并且正如 1948 年中共中央颁布的《纪念"五一"劳动节口号》所号召的:"全国劳动人民团结起来,联合知识分子、自由资产阶级、各民主党派、社会贤达和其他爱国分子,巩固与扩大反对帝国主义、反对封建主义与反对官僚资本主义的统一战线,为打倒蒋介石,建立新中国而共同奋斗。"由此可以看出,统一战线的主要任务在抗日战争胜利结束之后,从抵抗日本侵略转变为推翻"三座大山",建立新中国。

1949 年初,平津战役胜利结束,中共中央及主要领导人迁入北京。同年 6 月,由中国共产党组织,由各民主党派、人民团体、各界民主人士、国内少数民族代表以及海外华侨共同参与的"新政治协商筹备会议"顺利召开,会议认为依靠"协商建国"组建"联合政府"的条件已经成熟,并通过了《新政治协商会议筹备会组织条例》。同年 9 月,中国人民政治协商会议第一届全体会议在北平召开,制定了具有临时宪法作用的《中国人民政治协商会议共同纲领》(以下简称《共同纲领》),规定"中华人民共和国为新民主主义即人民民主主义的国家,实行以工人阶级为领导的、以工农联盟为基础的、团结各民主阶级和国内各民族的人民民主专政"。因此,从中华人民共和国的成立过程来看,仍带有剥削阶级性质的"民主阶级"在协商成立新中国的过程中也发挥了很大的积极作用。

1954 年 9 月第一届全国人民代表大会的召开,标志着政治协商会议作为国家临时最高权力机关的使命得以完成。与此同时,随着土地改革的深入推进与民族资产阶级改造的陆续完成,地主与资产阶级作为剥削阶级已基本被消灭,以阶级为单位而构成的统一战线,其任务便随着新民主主义革命的结束而完成。但由于各民主党派与社会团体依然有存在的必要,代表统一战线的政治协商会议也得以继续存在,不过其在社会主义政治上层建筑中的意义与价值已开始从国体转向政体，而"工农民主专政"经由"统一战线"，也最终发展为"无产阶级专政"。

3.从"无产阶级专政"到"人民民主专政"：社会主义建设进程中国体结构的发展

从 1949 年 10 月中华人民共和国成立，到 1954 年第一届全国人民代表大会召开并制定《中华人民共和国宪法》（以下简称"'五四'《宪法》"），标志着新民主主义向社会主义"过渡时期"①的完成，同时也标志着社会主义国体的基本确立。但在这之后，社会主义政治发展并非一帆风顺，反而经历了一段异常曲折的道路，而造成这种曲折的原因，很大一部分仍在于传统因素与革命因素在新中国政治制度以及意识形态形塑过程中的矛盾发展。

政治协商会议作为国家最高权力机构被人民代表大会取代后，在 20 世纪 50 年代颁布的"'五四'《宪法》"中，便明确删去了"总纲"中的第一条《共同纲领》中"团结各民主阶级"的具体阐述。由此，国体结构内由各阶级所组成的"统一战线"，被纯粹的、由被剥削者所构成的"以工人阶级为领导，以工农联盟为基础"的"阶级共同体"取代。同时，为了与无产阶级专政的内容相适应，20 世纪 50 年代所构筑的政权形式，其基本特征是国家权力的高度集中和国家对社会和意识形态的一元化控制。客观地说，这一特征在改造传统社会，尤其是打破农村根深蒂固的宗法结构时确实具有相当积极的效果，但随着社会主义改造的基本完成，随着剥削阶级的基本被消灭，那么夸大阶级对立和强调阶级斗争对于政治上层建筑发展的推动作用，也就越来越不适应新的形势和新的情况。而且早在 1948 年 3 月，毛泽东同志就曾经指出："我们党的历史情况表明，在我党和国

---

① 《毛泽东选集》（第 5 卷），人民出版社 1977 年版，第 82 页。（引者按：1952 年的"过渡时期"，是指从中华人民共和国成立，到社会主义改造基本完成这一时期。1962 年 9 月党的八届十中全会即其以后所说的"过渡时期"，指资本主义过渡到共产主义的整个历史时期。）

民党结成统一战线时期,党内容易发生右的偏向,而在我党和国民党分裂时期,党内容易发生'左'的偏向。"①如果将国民党的因素抛开,我们就不难看出,但凡统一战线在政权结构内发挥重要作用时,即工人阶级与其他阶级共同掌握国家权力时,党内就容易产生忽视无产阶级领导权这种右的倾向;相反,当统一战线在政权中的地位削弱时,即无产阶级单独掌握国家权力时,就容易产生不顾形势任务需要的对外"关门主义"和对内"净化"无产阶级"成分"的"左"的倾向。因此,即使毛泽东本人在 20 世纪 50 年代已经意识到党可能"发生'左'的偏向",却由于各种主客观、内外部因素的制约,最终未阻止"反右""大跃进"以及"文化大革命"等一系列"左"的,甚至极左错误的发生。

如果从社会主义国体结构建立的基础——"阶级共同体"来分析,我们能够发现,作为一种意识形态的阶级观念,在暴力革命阶段,确实能够成为无产阶级政党动员广大劳动者反抗剥削阶级专政的有力武器;在社会主义改造阶段,更有利于打碎顽固的传统宗法结构,构建新的社会组织形式。但是,社会主义改造基本完成以及被剥削阶级基本消灭,却并不意味着整个社会现代化变革任务的完成。换言之,当无产阶级政党从革命党转型为执政党之后,为实现传统社会的现代化转型,仍需对广大劳动者进行更加持续、深入的动员。在土地革命、解放战争以及社会主义改造的进程中,中国共产党对工农群众所进行的动员内容,主要集中于变革生产关系层面,更具体地说,即在于打倒剥削阶级这个对立面,夺取剥削阶级所掌握的物质基础和上层建筑。当社会主义改造基本完成后,无论是代表封建剥削关系的地主与富农,还是代表资本主义剥削关系的买办、民族资本家,其作为剥削阶级均已被消灭,此后动员的内容本应发生变化,从生产关系领域转入更加根本的生产力领域;但是由于

---

① 《毛泽东选集》(第 4 卷),人民出版社 1991 年版,第 1297 页。

我们党在某种程度上对于革命战争时期所积累的经验的依赖,加之包括党的领袖在内的不少党员所抱有的急躁情绪,所以在社会生产力,尤其是农村生产力水平无法快速提高,甚至遇到挫折的情况下,便试图通过对生产关系的进一步改造来达到"解放生产力"的目的。而在新中国成立初期的生产力水平发展与经济规模扩大的过程中,资本主义因素与社会主义因素作为两种现代化因素必然相伴增长;同时,中国共产党各级党委及其领导下的政府在具体的治理过程中,也必然出现行政化、专业化,以及科层化的趋势,这种趋势又与传统的官僚主义有些类似。因此,这些在社会转型过程中所发生的正常现象,却让不少党员认为无产阶级政权正面临着修正主义、官僚主义甚至是资本主义复辟的危险。因此在社会主义改造基本完成后不久,我们党在各领域的社会动员中重提以"阶级斗争为纲",在消灭了地主、富农的农村人为地划分出"老上中农""新上中农"等作为阶级内部的异己进行孤立;在消灭了资本家的城市,不顾生产效率搞"一大二公",并将广大错划为右派的知识分子当作剥削阶级的代表清理出"劳动者"的队伍。最终,这种将社会动员集中于生产关系领域的变革,不仅没有达到原先的目的,反而极大地制约了生产力的发展。反思其中的原因,很大程度上仍在于对暴力革命路径与经验的过度依赖,对政治上层建筑相对独立性及其能动作用的过分夸大。

十一届三中全会之后,以邓小平同志为核心的第二代领导集体,提出了"贫穷不是社会主义"的口号,在反思中对"无产阶级专政下继续革命"的理论和路线进行否定;另一方面,也回归了"什么是社会主义、怎样建设社会主义"这一根本命题,提出了进一步发展中国特色社会主义政治上层建筑的要求。但是,这种发展绝不意味着要改变社会主义的国家性质,而是要建立一套与社会主义初级阶段国体更加适应的组织原则与具体表述方式。因此在拨乱反正之后,新一代领导集体通过对中国社会的深刻分析，得出了阶级斗争"在一定范围内仍将长期存在"以及"已不是当前社会的主要矛盾"这一清醒判断，并根据这一判断对社会主义国体进行了更加科学的规范与阐释，将社会主义改造阶段"无产阶级专政"中所强调的"阶级斗争"，转变为社会主义建设阶段"人民民主专政"中所强调的"人民民主"。

因此，从无产阶级专政到人民民主专政，看似只是关于社会主义国体描述的变迁，并且在本质属性上也确实没有发生根本性的变化，但这种更加科学、精确以及规范的描述，为中国特色社会主义初级阶段政治上层建筑的变革与发展，提供了更为坚实的社会现实基础，也为中国特色社会主义制度自信提供了更加可靠的理论基础。

（二）中国特色社会主义政体及其制度自信的确立与发展

1949 年中华人民共和国成立，预示着一整套新的政治制度逐步确立与发展的开端。但即使在新中国成立之后，我国仍肩负着从新民主主义国家向社会主义国家过渡的使命，而在社会主义改造基本完成后，我国仍处于并将长期处于社会主义初级阶段，因此，这种国体层面的过渡性质必然不断地对政体提出发展和改革的要求。此外，我党原先在暴力革命过程中所构建的政治制度，如政治协商制度、人民代表大会制度，以及在新中国成立后才创设的新制度，如民族区域自治等制度，必须通过治国理政的实践才能得到真正的检验与经验的积累，并结合形势任务的变化进行调整与改革。同时，由于上层建筑的相对独立性，数千年积淀的政治传统与政治文化必然会继续对政体的发展造成深刻的影响。虽然中国的政治传统中有不少值得继承的地方，但毕竟这种传统形成于漫长的农耕时代，反映的是前现代社会分散的自然生产方式，所以也必然存在着很多与现代性相对立的因素。因此，中华人民共和国的政体形塑，正是在传统与革命双重因素的影响下，汲取积极因素、摒弃不利因素而不断发展与成熟的过程。

1. 中国共产党与国家政治机关的关系逐步理顺

"无产阶级政党是无产阶级组织的最高形式"①，同时，"党的领导是无产阶级专政的基本条件"，那么中国共产党在掌握国家政权的情况下，能否有效控制各级国家机关，能否将党的政策与路线真正落到实处，直接决定着无产阶级在国体中的领导地位是否巩固。因此，理顺党政关系构成了社会主义政治制度顶层设计层面一项极为重要的内容。

由于中国政治发展中历来存在着中央集权与构建威权政府的传统，同时，在暴力革命的进程中，正如邓小平所言："党是一个战斗的组织，没有集中统一的指挥，是不可能取得任何战斗胜利的，一切发展党内民主的措施都不是为了削弱党的必需的集中，而是为了给它以强大的生机勃勃的基础。"因此，党的统一领导与集中指挥构成了事关革命成败的决定性因素。所以从中国共产党尝试建立的第一个政权开始，党与政府之间便曾经出现"党政不分""以党代政"等倾向，从而导致因为权力过于集中而破坏民主的风险。关于这一问题，毛泽东同志早在井冈山时期就已经认识到并且指出："党在群众中有极大的威权，政府的威权却差得多。这是由于许多事情为了图省便，党在那里直接做了，把政权机关搁置一边。……以后党要执行领导政府的任务；党的主张办法，除宣传外，执行的时候必须通过政府的组织。"②新中国成立后，党和国家领导人更加重视这一问题，如周恩来同志就曾指出："由于过去长期战争条件，使我们形成了一

---

① 王沪宁主编：《政治的逻辑——马克思主义政治学原理》，上海人民出版社 2004 年版，第 255 页。

② 《毛泽东选集》（第 1 卷），人民出版社 1991 年版，第 72 页。

种习惯,常常以党的名义下达命令,尤其在军队中更是这样,现在进入和平时期,又建立了全国政权,就应当改变这种习惯。"①因此在新中国成立初期,中国共产党设计了通过自己在政府中的党委和党组,以实现党对政府机关领导的制度。客观地说,这种制度对于在政府部门实现党的路线、方针与政策,团结政府部门中的党员与非党员干部起到了很大的积极作用。

"文革"时期,我们党与国家的政治生活进入一段很不正常的时期。好在这一现象在十一届三中全会后迅速得到了扭转,邓小平同志在20世纪70年代末到整个80年代,始终强调理顺"党政关系",克服权力"过分集中"的问题。例如他在1978年12月的《解放思想,实事求是,团结一致向前看》中指出:"因为民主集中制受到破坏,党内确实存在权力过分集中的官僚主义。这种官僚主义常常以'党的领导'、'党的指示'、'党的利益'、'党的纪律'的面貌出现,这是真正的管、卡、压";"思想一僵化,条条、框框就多起来了。比如说,加强党的领导,变成了党去包办一切、干预一切;实行一元化领导,变成了党政不分、以党代政"。② 因此在之后的政治体制改革中,为着手解决"党政不分、以党代政"的倾向,按照新一代领导集体的设计,在中央层面,要求"中央一部分主要领导同志不兼任政府职务",以"集中精力管党,管路线、方针、政策"③;在地方层面,则要求逐步推进"权力下放,解决中央和地方的关系"以及"精简机构"等配套措施,以解决"党如何善于领导"的问题。

实事求是地说,党的第二代领导集体在中央层面,已经较好地解决了宏观层面党的领导与政府行政之间的关系,但在地方层面,部分党委仍然存在着以加强党的领导为名包办一切、干预一切的不良

① 《周恩来统一战线文选》,人民出版社1984年版,第175页。
② 《邓小平文选》(第2卷),人民出版社1994年版,第142页。
③ 《邓小平文选》(第2卷),人民出版社1994年版,第321页。

倾向,而且随着市场经济的深入推进,这种权力过分集中与党政不分的现象,导致基层民主与监督制度在某种程度上的无力化,更为寻租与腐败提供了便利,这也是为何近年来反腐斗争中各地出现多起"一把手腐败"的重要原因。因此,如何在理顺中国共产党与中央政府机关关系的基础上,促进地方层面党政关系的健康发展,构成了社会主义政体进一步完善的重要内容。

2.国家最高权力机构与根本政治制度的逐步确立

全国人民代表大会是当代中国的最高权力机构,而人民代表大会制度则构成了社会主义中国最根本的政治制度。按照马克思主义唯物史观分析,人民代表大会制度作为维护无产阶级领导地位的根本政体,绝不是以少数人的意志凭空建立的,而是历史发展与人民选择的必然产物。但从思想渊源、社会基础和政治实践来看,人民代表大会制度并非也很难由中国本土的政治传统内生而成,而是由革命所塑造的、中国政治文明发展过程中的一种崭新制度,同时,党的领导与人民民主同时为人民代表大会制度提供着制度自信的基础。

从制度渊源来看,人民代表大会制度作为一种民主制度,可远溯至古希腊城邦的公民大会。但人民代表大会作为无产阶级专政性质的政体形式,其更直接的理论基础则来源于马克思、恩格斯,以及列宁对资产阶级议会制度的批判与扬弃。中国共产党人在探索政权组织形式时,根据马克思"议行合一"的国家建构理论与苏联的苏维埃模式,结合中国革命与建设的实际,逐步建立并发展出了中国式的代议制政体——人民代表大会制度。

关于这一进程,周恩来同志曾有过极具概括性的表述:"关于苏维埃,不管名词是否妥当,但苏维埃是工农代表会议,它与资产阶级的议会制是有原则区别的,列宁说苏维埃政权不仅可以用于资本主义国家,而且可以用于殖民地国家。毛泽东同志发展了这一种思想,把它发展成为中国的代表会议制。"①新中国成立后,尤其是社会主义改造基本完成后,党和国家领导人在设计政治上层建筑时,进一步从苏联的苏维埃制度中汲取经验。如毛泽东同志在 1954 年起草宪法时,曾要求每一位参与人员熟读苏联宪法;在讨论宪法草案时,对一些争议条文的研究,也参考苏联宪法。同时,中国共产党在制度设计上也充分考虑中国社会的特殊情况而没有一味照搬苏联政体。如苏联作为"国家联盟",在最高权力机构之外还设立了平行的"民族院"从而构成"两院制",中国则根据自身情况,在权力机构层面最终确立为事实上的"一院制"(政治协商会议在 1954 年之后不再承担国家权力机构的任务)。

从社会基础来看,人民代表大会制度是最适合中国社会现实的政体形式。中国共产党与中国的无产阶级虽然在长期的革命实践中逐步壮大,但新中国毕竟脱胎于半殖民地半封建社会,因此,无论是通过马克思主义理论武装起来的、作为"无产阶级最高组织形式"的中国共产党,还是代表先进生产方式、在工农联盟中作为领导阶级的工人在数量上都不占据优势。而在农民占绝大多数的社会中,无产阶级政权的建立既具有被剥削阶级专政的革命进步意味,同时也不可避免地带有亚里士多德所称"平民政体"②的缺陷。所以,如果中华人民共和国在构建政体时照搬西方模式,通过普选的方法构建代议制政体,便会立即如马克思在其《路易·波拿巴的雾月十八日》中所分析的那样,因为无产阶级与农民之间联盟的不稳定而导致革命的果实被剥削阶级或异化了的官僚阶层侵夺。因为正如马克思所言,人数众多的农民虽然"生活条件相同,但是彼此间并没有发生多种多样的关系。他们的生产方式不是使他们互相交往,而是使他们互相隔离。……他们利益的同一性并不使他们彼此间形成

---

① 《周恩来选集》(上卷),人民出版社 1980 年版,第 161 页。
② [古希腊]亚里士多德:《政治学》,商务印书馆 2009 年版,第 157 页。

共同关系,形成全国性的联系,形成政治组织,就这一点而言,他们又不是一个阶级",因此农民"不能以自己的名义来保护自己的阶级利益,无论是通过议会或通过国民公会"。① 因此,以民主集中制为原则构建的人民代表大会这种政体的确立,一方面能够通过确保工人阶级的领导地位以防止社会中仍然较为顽固的封建宗法力量的复辟,防止资产阶级通过外层政体结构向国家权力的渗透;另一方面,这种简单明了的代议制组织形式,相对于马克思主义经典作家所批判的、"故弄玄虚、愚弄人民"的、以"两院制"与"权力分立"为原则的资产阶级代议政体,更符合广大劳动人民的认知水平,从而保证了在循序渐进的政治发展过程中,通过理论灌输与民主实践,逐步提高社会成员的政治素养并有序扩大政治参与这一路径。

从历史实践的进程看,人民代表大会制度是在暴力革命的实践进程中逐步建立并通过实践检验的。中国共产党所领导的中国革命,无论在新民主主义革命阶段还是社会主义改造阶段,无产阶级政权的构建始终伴随着尖锐的阶级斗争,因此,以工人阶级为领导的、工农联盟为基础的劳动者联盟,构成了无产阶级国家最坚实的阶级基础,工农联盟掌握最高权力,构成了根据地最高权力机构的必然要求,这从根据地"一切权力属于苏维埃"的口号中能够得到清晰的反映。而这种在革命战争环境下组织政权的经验,也必然由新中国成立后所构建的政体予以继承,由此,人民代表大会取代苏维埃掌握国家最高权力,成为无产阶级夺取政权后既符合现实要求又符合历史逻辑的必然选择。与此同时,在暴力革命进程中国家政权的争得与维护,依赖于中国共产党对根据地政府与武装力量统一、集中和绝对的领导,但这种绝对领导并不是指事无巨细地包办一切,而是建立在民主集中制原则上的有效领导,因此,民主集中制这条在革命实践中被证明是正确的原则,也必然被人民代表大会在实

---

① 《马克思恩格斯选集》(第1卷),人民出版社1995年版,第677页。

际行使国家权力时所继承。最后,中国在近代以来因为帝国主义压迫所积累的"救亡意识"始终具有强大的动员能力,而中华人民共和国成立之初,尤其是中苏交恶之后,中华人民共和国所面临的国际环境又极为险恶,由此催生出的"防卫心理"和"赶超心态",又导致党和国家的领导人以及广大人民群众自然地摒弃效率较为低下、被列宁批评为资产阶级"清谈馆"的西方式议会,而选取效率较高、议行合一的人民代表大会制度。

3.国家行政制度与行政机关职能的逐渐完善

按照马克思主义政治学的理论分析,国家自形成之初,其内部职能便具有"两重性",即"政治统治职能"与"社会管理职能",并且随着社会生产方式的不断发展与分工的日益细化,国家的社会管理职能也将逐步扩大。而无产阶级专政国家作为国家的高级形式,其"政治统治职能将随着社会的发展、阶级差别和阶级斗争范围的缩小而逐渐缩小其作用范围,社会管理职能则日益深入到越来越多的领域"①。因此,正如马克思所言,"行政是国家的组织活动"②,国家行政制度的完善与否,对于维护社会安全稳定、组织社会生产生活、推动经济文化发展、有效发挥国家机器的功能起着至关重要的作用。所以,如果说人民代表大会制度作为无产阶级专政国家的根本政体,其主要功能集中于维护无产阶级在国体中的领导地位,那么,国家行政制度与行政机关的主要功能,则在于依法对国家和社会事务进行有效的组织与管理。因此,国家行政机关与国家最高权力机构一样,是构成现代政体不可缺少的重要组成部分。

从目前世界范围内各国的行政体制来看,按照中央与地方的关系划分,一般可分为"邦联制""联邦制"与"单一制",在这三种制度

① 王沪宁主编:《政治的逻辑——马克思主义政治学原理》,上海人民出版社 2004 年版,第148—149 页。
② 《马克思恩格斯全集》(第 1 卷),人民出版社 1956 年版,第 479 页。

中国家行政权力的集中程度依次递增。由于中国政治文化历来倡导"大一统"，而革命实践与无产阶级专政又确实要求国家权力的集中统一，因此在传统与革命双重因素的影响下，中华人民共和国在成立后继承了"单一制"的行政体制，在各级政府的制度安排上，按照"同心圆"结构予以排列，即处于核心的、广义上的中央政府，由人大、政协、党委与政府这四套班子构成，而国务院则代表着中央政府的行政机关掌握着最高行政权力。在中央政府之外，按行政区划，下设省一级的省、自治区、直辖市和特别行政区政府；省级政府下设不同级别、隶属关系也不尽相同的市、县、区；另外，在基层还设有乡或镇政府。在中国，各届政府虽然是通过人大的选举产生的，但各级政府之间却存在着严格的领导与被领导的关系。与此同时，按照职能划分，每一级政府还设有配套的职能部门，这些部门主要受同级政府的领导，与上级职能部门之间通过业务指导发生联系。另外，如安全、审计、监察等独立性较强的职能单位，在其系统内的上下级之间虽然维持着较强的领导与被领导的关系，但在政治运行的实际过程中，行政机构同样能够对其发挥较大的影响。

中国现行行政体制的基本结构是在中华人民共和国成立之初逐步确立，并在十一届三中全会之后逐步完善的。实事求是地说，尽管这种行政体制还不完美，但已基本符合中国当前社会的实际需求，形成了一套专业化水平较高、分工较为明确、职能划分较为科学的组织体系，并能够较好地把集权制与分权制的优势结合起来。

第四章

历 史 与 未 来
——中国特色社会主义制度自信建构的经验启示

————

中国特色社会主义政治上层建筑的确立、发展、巩固和日益完善,不仅是中国历史发展与人民选择合乎规律的必然结果,而且标志着马克思主义理论在政治领域的现实展开与成功实践,更拉开了人类政治文明发展道路上的崭新一幕。因此,能否从中国政治上层建筑的历史变迁中发现规律,能否从中国前现代社会的政治传统中汲取经验,能否从中国近代以来伟大的革命中收获启示,构成了未来中国在构筑制度自信的过程中能否不走"老路"、避开"邪路",并且少走"弯路"的关键因素。而且,我们只有在马克思主义历史唯物主义的指导下,尽量不带偏见地以史为鉴,积极借鉴人类政治文明发展的共同成果,吸收历史发展中的正反两方面经验,树立正确的制度自信,才能最终建设一个不仅超越历史,而且超越资本主义的、更高形式的政治文明。

一、把握相对独立性，以改革为路径，确保社会制度稳中求进

按照马克思主义社会有机体的观点分析,我们不难发现,如果将政治制度视为社会大系统的一个组成部分,那么必须要求它与经济基础和制度自信之间保持某种程度的相互适应,从原理上说,即要求政治上层建筑保持一定程度的开放性,以适应社会和思想的不断变迁;另一方面,如果将政治制度视为承担特定功能并且具有相对独立性的子系统,那么则要求它必须维持自身结构的相对稳定,尤其是维护阶级基础的相对稳定。但是"开放性"与"稳定性"这两个要求在历史发展的进程中经常产生一定的张力,有时甚至会激化为极其尖锐的矛盾,如果不能协调好二者的关系,那么整个政治制度也必将面临动荡甚至是崩塌的危机。从中国当前的现实来看,新民主主义革命取得胜利与社会主义改造基本完成之后,阶级矛盾虽然仍将在一定范围内长期存在,但显然已不再是中国社会和政治领域内的主要矛盾。因此,在无产阶级已经掌握政权的革命后社会,在把握好政治上层建筑相对独立性的发展规律与社会主义政治制度先进性的基础上,如何通过构建良性的制度自信来进一步维持政治上层建筑与社会存在以及意识形态之间的动态平衡,在稳定中求发展,构成了推动新时代中国特色社会主义政治文明健康发展的前提。

（一）"国家"与"社会",调适上层建筑与社会存在的动态平衡

从中国政治上层建筑长期的历史形塑过程来看,掌握国家权力的统治集团能否维持国家与社会的动态平衡,往往构成了该时代人民生活是否相对安定、生产力水平能否稳定提高的基本条件。而这

种动态平衡,主要表现在国家组织形式是否与社会基本结构相适应,国家政治权力能否与社会权力保持一定的相互平衡。

从历史上看,中国的"国家—社会"组织形式主要发生了三次规模较大的变迁。

第一次社会结构的大规模变迁发生在中国国家建构初期。组成中华民族的各部落、氏族,逐渐演化为许多个以血缘差序结构为组织原则,同时具有较大规模的宗法共同体。这些宗法共同体构成了夏、商、周三代中国社会政治上层建筑的基本单元——诸侯国,而建立在这种社会结构上的分封制度,则构成了当时的"国家—社会"组织形式。

第二次社会结构的重大变迁发生在春秋、战国、秦,以及西汉早期。在长期的战乱中规模较大的宗法共同体逐渐被打碎,但法学学派所主张的"国家—个人"二元社会结构的构建尝试也并未取得成功。最终,中国社会的主要组成单元逐渐演变为较小规模的、以家族为核心的宗法共同体。这种较小的、以家族为本位的宗法共同体与之前的宗法共同体——诸侯国相比较,除了规模上的区别外,在性质上也已发生了根本性的变化。在政治领域主要反映在它们已经没有能力像诸侯国那样直接分割国家的主权,但作为一种社会组织单元,它仍然控制着中国广大的基层社会,更具体地说,即拥有"县"以下的地方控制权。因此,建立在这种社会结构之上的皇权专制,以及"皇权不下县"的治理模式,构成了该时代的"国家—社会"组织形式。

最后一次社会结构的大规模变迁肇始于清末。当中国被卷入世界历史之后,无论是资产阶级还是无产阶级革命,均要求打破宗法社会。资产阶级希望将人作为"自由"和"平等"的劳动力,从宗法共同体的束缚中解放出来以榨取剩余价值;无产阶级则希望将被剥削者作为自由、平等的"具体的人",从人身依附关系中解放出来,从而组织进"阶级共同体"以推动社会革命。在新民主主义革命与社会主义改造基本完成后，中国社会中的宗法共同体最终被较为彻底地打碎，大部分社会成员经由社会主义劳动者的身份，被组织进"阶级共同体"，以及与这种共同体相适应但更为具体的诸种类型的"单位"，如农村的生产队和城市的工厂，以及学校、机关和街道等。因此，人民民主专政国家和人民代表大会制度，构成了与这种社会结构相适应的国家组织形式。

通过对中国社会结构与国家组织形式变迁趋势的分析，我们能够发现，作为既具有相对独立性又由社会存在所决定的政治制度，首先必须与社会基本结构保持一致，从而将自己的根基牢固地构筑于深厚的社会基础之上；其次，掌握着国家权力的社会阶级或阶层要想维持自己的统治，必须认清国家组织形式在发展的过程中背离并危害社会基本结构的征兆，从而依靠人的主观能动性来对政治上层建筑进行尽可能的改良与完善，通过保持政治权力与社会权力之间的动态平衡，以维持政治上层建筑的基本稳定；再次，当社会存在发生不可逆转的变迁时，新兴阶级若想夺得国家政权，就必须充分认清社会基本结构的变化趋势，从而构建出一套与之充分适应的新型政治制度；最后，当无产阶级构建并掌握了相对先进的政治制度时，还应自觉地构筑一套具有说服力的制度自信来凝聚共识，以发挥其对于社会的积极能动作用，从而循序渐进地将政治革命发展至社会革命，通过改革来进一步推动生产力的发展。

在中国政治文明的具体发展过程中，由于夏、商、周三代尚处于国家建构的初期，政治权力尚未完全从社会权力中独立出来，两者之间尚未构成尖锐的冲突，因此它们之间并不存在是否平衡的问题。但随着中国进入专制时代，社会基本结构发生了巨大的变化，与地主经济相适应的小型宗法共同体构成了社会生产生活方式的基本单元，同时，这种宗法共同体也构成了专制皇权国家的社会基础。因此,在这种传统的社会有机体中,由代表国家主权的皇帝与掌握行政权力的官僚阶层掌握政治权力,由实际统治着地方的宗法共同体控制社会权力的模式,既代表着政治权力与社会权力之间的"默契",又代表着国家与社会在某种程度上的"平衡"。而从历史实践来看,但凡能够实现这种"默契"与"平衡"的历史时期,代表地主阶级利益的政治上层建筑就相对比较稳固,整个社会也处于一种比较安定的状态。但由于专制制度本身的固有缺陷,导致无论是皇权还是与之配套的行政权,在政治上层建筑内部都无法进行有效的约束,所以政治权力必然存在着扩张的冲动,而这种扩张最直接的结果就是对社会资源需求的不断扩大,间接结果则是政治上层建筑规模的恶性膨胀。与此同时,掌握着政治权力的官僚阶层为了获取更多的经济利益,必然存有打着"皇权"的幌子突破"不下县"之"默契"的冲动,从而出现官僚集团依靠政治权力大肆进行土地兼并这种"权力捉弄财产"的现象,并直接威胁到地方宗法共同体的生存。如果这种趋势得不到遏制,也必将导致政治权力与社会权力之间、国家与社会之间的失衡,而宗法共同体作为代表社会的决定性力量,也将通过主导农民起义这种手段来颠覆现有政治统治,用改朝换代的方式来还原一个与社会基本结构趋于平衡的政治上层建筑。因此,在中国很多王朝崩溃的前夕,恰恰也是政治上层建筑极其"肥大"、政治权力极度膨胀、对社会资源的汲取极度亢进的时期,并最终会因为社会基本结构难以支撑而招致社会的报复,但这种报复本身也伴随着剧烈的社会动荡和巨大的社会损失。所以,在生产力的发展尚未突破生产关系的情况下,能够维持国家与社会、政治权力与社会权力间的动态平衡,构成了社会有机体能够健康发展的重要因素。

同样,中国特色社会主义制度虽然具有相对的先进性,但在主导中国社会的现代化过程中,仍须立足现实,与现有的生产力水平和社会结构保持一定程度的相互适应。中国当前的社会结构，建基于新民主主义革命时期的"阶级共同体"，因此，无产阶级以及工农联盟构成了中国当代政治上层建筑最坚实的阶级基础。所以社会主义国家在政治统治与社会治理的过程中，如何反映无产阶级与工农联盟的根本利益，构成了维护政治上层建筑稳定与发展的根本前提。与此同时，随着土地改革的完成，中国广大乡村社会中的宗法共同体已基本被打碎，但由于私有制尚未被消灭，从某种程度上说，中国社会的基本结构仍是由"家庭"组成，这一点在农村表现得尤为明显。因此，在打破宗法共同体之后企图直接以"人民公社"取而代之，并将其确立为经济上的基本核算单位，显然并不符合当时中国社会的客观实际。在"拨乱反正"之后所确立的家庭联产责任承包制，以及与之相伴的农业生产水平的大幅提高，正是对政治结构必须与社会基本结构相适应的最好注解。

另外，由于政治传统与革命实践的影响，中国当代政治制度的设计建基于一套"议行合一""民主集中"的原则，这套倾向于权力集中而非分散的原则对于提高执政效率、发挥上层建筑的能动性、促进传统社会的现代化转型均具有很强的积极意义，但同时也容易造成政治权力，尤其是行政权力在行使中失范的弊端：一方面存有导致"强政府、弱社会"的结构性失衡风险；另一方面，在私有制并未被消灭的现阶段，行政权力的扩张也容易导致腐败的滋生。因此，正如习近平同志所指出的，"要加强对权力运行的制约和监督，把权力关进制度的笼子里"①。这一重要论述不仅深刻地揭示了制度建设在规范、制约与监督权力运行中的根本性作用，而且更加科学地阐释了即使在社会主义国家，权力也是一把双刃剑，如果在运行过程中失去有效的制度约束与监督，同样存在异化的风险，成为危害社会，乃至动摇社会主义政治上层建筑的重要原因。因此，在把握好

---

① 习近平：《习近平谈治国理政》，外文出版社2014年版，第388页。

政治上层建筑相对独立性发展规律的基础上,自觉地发挥其能动作用的积极方面、遏制其消极方面,构成了新时代中国特色社会主义政治体制改革的重要内容。更具体地说,即在资本主义阵营与社会主义阵营仍然相互对立的国际形势下,在阶级斗争尚未完全结束的国内条件下,在社会主义生产力水平仍然不高的现实情况下,我们现阶段不仅不能削弱政治上层建筑的政治统治职能,而且还必须树立牢固的制度自信,继续保证无产阶级专政,继续维护国家主权的安全,继续牵引社会主义国家生产力水平的进一步发展。另一方面,在规范国家政治权力运行的同时,也要进一步促进社会公共空间的发育,努力构建一个与"强政府"相匹配的"强社会",从而在动态平衡中为中华民族的伟大复兴提供更加坚实的社会基础。

(二)"经典"与"经验",促进中国特色社会主义制度与制度自信相互契合

因为制度与制度自信同属于上层建筑的范畴,因此它们之间的联系通常表现得更加紧密、直接与生动。制度自信对制度的影响,主要表现在诸种政治思想、政治学说以及政治主张对于政治发展与政治变革等实践活动的指导上。相反,社会制度对制度自信的影响,除了统治阶级通过宣传以自觉塑造之外,更直接地表现为政治实践中所积累的政治经验,通过理论的总结与升华凝结为某种具体的政治思想与政治学说。因此,概括地说,能否促进制度与制度自信之间的相互契合,通常表现为指导政治发展的理论"经典",与政治实践过程中所积累的实际"经验"之间能否协调一致。而"经典"与"经验"之间的矛盾发展,在本文的分析框架中,也正体现了"自然"与"约定"之间对立统一的过程,这也构成了我们从制度自信的历史形塑过程中汲取经验与启示的重要路径。

在社会制度与制度自信的历史形塑过程中,中国的士人阶层中

逐渐催生出这样一种政治理想，即"由政治来领导社会、由学术来领导政治"①，但要实现这一理想却必须符合两个基本条件：一是政府由知识精英掌握，二是政治的发展必须由学术来指导。士人阶层的理想在汉代儒家思想被确立为意识形态之后得以部分实现。首先，儒家意识形态的"道统"构成皇权"治统"的合法性来源之一，代表着学术领导政治在某种程度上的实现；其次，"学而优则仕"这种传统的形成与科举制度的确立，则代表着政府的主体逐渐由知识分子群体所构成。因此，自汉以降，中国历代政治制度变革的背后均带有深厚的学术渊源。但即使在"罢黜百家、独尊儒术"之后，关于中国制度自信构建的主张，仍然存在着代表经典理论的"自然"学派与代表历史经验的"约定"学派之间的对勘，而在中国的具体语境中，按钱穆先生语，则主要表现为"经学派"与"史学派"之间的冲突与调和。

中国的经学派带有"自然"学派的浓厚倾向，重"义理"，求"至善"，认为儒家经典代表着一种"放之四海而皆准"的永恒真理，而儒家的政治学说则构成了制度运行的根本原则，因此，只要政治实践存在缺陷，经学派便强烈主张按照儒家经典（通常以《周礼》为模板）进行彻底变革。即使在政治相对清明、社会较为稳定的历史时期，如汉、唐两朝，经学派也往往因为现实政府的组织形式和具体"治术"与儒家经典之间的分歧，而将其贬为"霸术"，并要求统治者朝着"王术"的方向变革。因此，经学派在政治理论上的守旧性与政治实践中的激进性构成了鲜明的对照，从而在理论意象中可以被归入"革命的意象"或"经典学派"。相反，中国的史学派带有"约定"学派的倾向，重"变化"，求"恰当"，认为现实政治是由传统发展变化而来，因此始终带有某种程度上的正当性与合理性。因此，史学派与经学派恰好相反，在政治理论上表现得较为务实，在政治实践

---

① 杜维运、黄进兴编：《中国史学史论文选集》（一），华世出版社1976年版，第121页。

中主张较为温和的渐进式改良,并且其政治态度也通常表现为尊重既有权威与既存政权,所以在理论意象中可以被归入"传统的意象"或"经验学派"。

关于经学派与史学派在理论与实践中的冲突,在宋代变法的新、旧党争中表现得淋漓尽致。如主导变法的王安石著《三经新义》,因此代表着经学派,行新法并要求进行彻底的政治改革;与之相对应,司马光著《资治通鉴》,因而代表史学派,其政治主张倾向于保守的逐步改良。① 中国经学派与史学派的分歧,同"自然"学派与"传统"学派之间分歧的原因基本一致,并具体反映在"常""变"之辩、"王""霸"之辩以及"尊师"与"尊君"之辩中。但正如"自然"与"约定"作为矛盾体的两个方面,最终能够在对立的发展过程中实现统一,经学与史学也同样如此,并且正如钱穆所言:"故就本原论之,经学实史学也","凡事必以理为断,理则必由事而见,不能悬空执一理而弃事于不顾……故知有理不知有事,与知有事不知有理乃同失之也"。② 从这一论述中,我们能够发现,虽然钱穆先生并不是一位马克思主义者,但其认识与分析问题的方法却表现出极强的辩证思维,并且通过这种思维,指出了统一"经典"与"经验"的方向与路径。

随着社会的变迁,儒家思想作为意识形态,经由三民主义并最终被马克思主义取代,中国社会精英的追求也从参悟儒学经典以实现"内圣外王",转向了通过对历史唯物主义的学习来把握国家与社会的发展规律。但是,传统所积淀的思维模式仍然对中国的知识分子、广大党员造成深刻的影响,因此,"经典"与"经验"之间的矛盾发展,继续存在于中国革命与社会主义建设的历史进程之中。关于这一问题,毛泽东同志曾有极为深刻的认识与十分精辟的论述。首

---

① 钱穆:《国史大纲》(下册),商务印书馆 1996 年版,第 442—447 页。
② 钱穆:《朱子新学案》(五),三民书局 1971 年版,第 4—5 页。

先，毛泽东在 1937 年的《实践论》与 1942 年的《整顿党的作风》两篇经典文献中，分别从哲学基础与具体表现这两个层面尖锐地指出，无论是作为革命指导理论的马克思主义经典著作，还是中国革命实践所积累的丰富经验，都不能单独构成中国革命取得胜利的充分必要条件。而且如果片面地强调某一方面，就容易产生教条主义或是经验主义倾向，而这两种倾向构成了主观主义错误的两个方面，是旧哲学中"唯理论"与"经验论"在具体革命实践中的反映，如果不能及时纠正，将对中国革命造成极其严重的危害。其次，毛泽东通过辩证唯物主义的方法，指明了统一经典著作与革命经验的途径。在方法论上，他指出："通过实践而发现真理，又通过实践而证实真理和发展真理。从感性认识而能动地发展到理性认识，又从理性认识而能动地指导革命实践，改造主观世界和客观世界。实践、认识、再实践、再认识，这种形式，循环往复以至无穷，而实践和认识之每一循环的内容，都比较地进到了高一级的程度。这就是辩证唯物论的全部认识论，这就是辩证唯物论的知行统一观。"[1]

在具体方法上，毛泽东一方面要求党的理论工作者必须掌握马克思主义经典理论，从而"能够依据马克思列宁主义的立场、观点和方法，正确地解释历史中和革命中所发生的实际问题，能够在中国的经济、政治、军事、文化种种问题上给予科学的解释，给予理论的说明"[2]；另一方面，则要求具备丰富实践经验的同志，"要向理论方面学习，要认真读书，然后才可以使经验带上条理性、综合性，上升成为理论，然后才可以不把局部经验误认为即是普遍真理，才可不犯经验主义的错误"[3]。

依靠正确的世界观与方法论，在理论与实践的有效结合中，中国

---

[1] 《毛泽东选集》（第 1 卷），人民出版社 1991 年版，第 284 页。
[2] 《毛泽东选集》（第 3 卷），人民出版社 1991 年版，第 814 页。
[3] 《毛泽东选集》（第 2 卷），人民出版社 1991 年版，第 818 页。

新民主主义革命与社会主义改造取得了成功。但是,社会主义建设无论对于中国共产党、中国的无产阶级还是广大劳动人民来说,都是一项崭新的任务,因此在社会主义初级阶段的政治发展中,能否正确地解释与调适马克思主义经典理论与社会主义建设实践经验之间的分歧,构成了中国特色社会主义制度自信与社会制度之间能否相互契合的关键环节。而要解决这一问题,则必须从历史中汲取启示,从"经典"与"经验"两个维度共同分析问题。

从"经典"理论的维度出发,要求理论工作者必须以开放的态度进一步推动马克思主义理论的中国化。在本书的上一章中,笔者已较为详细地阐述了儒家学说取代法家学说,最终发展为与皇权专制政治上层建筑相契合的意识形态的整个过程。而儒家学说之所以能够成功,从客观层面分析,主要是因为这种学说既适合于统治阶级的需要,又与中国社会结构的变迁趋势相适应;但从主观层面分析,也与儒家学说自身所具有的开放性,以及由这种开放性所提供的理论发展密切相关。在西汉初年,当儒家学说成为官方意识形态时,它的主要内容已不再是孔子个人的思想,而是经过了其门徒,尤其是战国时期的孟、荀以及西汉初年的董仲舒等人的极大丰富。另外,在两千多年的历史发展过程中,儒家学说虽然总体上处于一种逐渐封闭僵化的趋势,但其依然能够汲取道家、法家,甚至是佛教的思想精髓而衍生出"训诂学""理学"和"心学"等不同流派,从而为传统政治制度的稳定与调适提供有效的制度自信支撑。因此,马克思主义作为构筑于辩证唯物主义基础上的新型意识形态,同唯心主义以及宗教实现了最彻底的决裂,这决定着马克思主义与旧时代以及资产阶级的意识形态相比较,其根本性的区别即在于它从不宣称自己是一个亘古不变的信仰体系,而是一个敢于应对各种批判与挑战并且不断发展的科学体系。

同时,中国的近现代史也充分证明,马克思主义经典作家关于社会政治的具体论断,只能对他们所处的时代进行实践的指导,而对于未来,则只从世界观与方法论的层面提供指南,并且决不为他国的革命与建设实践提供现成答案。因此,马克思主义经典理论只有在中国革命与建设的过程中,通过汲取丰富的实践经验,并最终凝结、升华为中国化了的马克思主义,才能继续对中国的革命与建设进行指导。所以,马克思主义经典理论在未来能否继续保持其经典地位,取决于广大共产党员能否继续在实践的进程中努力推动理论的进一步发展与完善。尤其是当无产阶级掌握政权并将马克思主义确立为社会主义国家的意识形态之后,更应当从历史中吸取教训,决不重蹈东方儒家意识形态以及西方天主教意识形态的覆辙,走上封闭僵化的道路,而应该时刻保持开放的态度,通过汲取人类文明发展的共同成果以及社会主义建设的新鲜经验,不断推动自身的发展,并为社会主义政治上层建筑提供更加稳固的意识形态支撑与现实指导。

从实践"经验"的维度出发,社会主义政治制度在发展与完善的过程中,必须在制度建设上确保与马克思主义意识形态的紧密联系,必须在马克思主义的政治原则与框架内进行变革。否则,马克思主义作为意识形态,一旦失去制度的巩固与支撑,其地位也必将受到传统社会中旧意识形态残余以及国外资本主义意识形态的挑战而发生动摇,而中国特色社会主义制度在失去马克思主义意识形态的支撑与庇护的情况下,也必然存在着变质的危险。因此在社会主义政治建设中,完善各项政治制度,加强马克思主义意识形态与中国特色社会主义制度自信之间的联系,构成了中国当代政治稳定的重要条件。

二、正视传统，以历史积淀为借鉴，厚实中国特色社会主义制度自信的根基

在中国历史久远的前现代社会中，与自然经济相适应的、旧的政治上层建筑，得到了相当充分的发展，与此同时，作为社会有机体的重要组成部分，其在发展的过程中，又与人们的生产生活方式以及意识形态产生着长期、广泛而又深刻的互动。因此，随着中国社会在卷入工业革命之后所发生的巨大变迁，旧的政治制度虽然消灭了，但那些蕴藏在经济基础和意识形态中的政治传统，却必然对新型政治制度的重塑过程产生很大的影响，而在这些政治传统中，既有宝贵的历史财富，也有过时的封建糟粕。然而，传统毕竟是传统，它不仅在大变革时代历史地决定着社会变迁的模式与路径，更构成了未来发展的社会根基。因此，正如钱穆先生所言："过去者未过去，未来者早已来。"我们只有尊重传统、承认现实，寻找到传统与现实的最佳结合点，才能扬弃地继承中华政治文明中的传统精髓，让其成为构筑中国特色社会主义制度自信最深厚的根基。

（一）在继承中筑牢制度自信的传统根基

"五四"以来，在对待中华文明的传统的问题上，富有理想并且饱含激情的人们呼吁要"与旧世界彻底决裂"，但是，任何一种传统，尤其是政治传统的形成，都是由当时的历史背景与社会环境所决定的。而在人类政治文明长期演进的过程中，在旧政治制度的历史形塑过程中，在政治传统的积淀过程中，必然凝结出无数含有智慧与真理的结晶。因此，我们只有在"整理国故"的基础上厘清传统中的"国粹"与"国渣"，才能够充分把握政治传统，才能认清其中的合理因素，才能将当代制度自信构建于坚实的传统基础之上，将人类政治文明的发展建立于科学和理性的基础之上。通过上文的分析，我

们能够从中国政治制度历史形塑的过程中发现的合理因素以及相应的经验启示,主要在于以下这三个方面。

首先,在中国的政治传统中较早实现了合理的部门分工。早在秦、汉时期,随着"皇帝制度"的确立与巩固,在中国的政治结构中,围绕着皇权构建并发展出了一套较为成熟的中央政务体制——三公九卿制,以实现军事、政治以及监察等重大事项的明确分工。另外,秦、汉时期在三公九卿等每一个重要官职之下,还设有负责具体事务的副职与僚属,由此表现出政治分工从个人向部门发展的雏形。到了隋、唐、宋时期,三公九卿制逐渐演变为三省六部制,仅从名称的变化上,我们就能够清楚地发现政治职能的赋予对象从个人转向了部门,从而基本实现了政治分工在制度上从个人向部门的变迁。另外,唐、宋时期在三省六部之下还设立九寺五监,以具体负责执行三省六部的决策并承担一些更为琐碎的政务,从而在某种程度上实现了宏观政治统治与微观政务管理的分离。换言之,即初步实现了政治官员与政务官僚之间的区分。

从政治制度发展的维度看,中国传统政治结构的成熟程度,可以说在世界范围内是极为罕见的,并且关于专业化的部门分工以及政治权力与行政权力的区分,西方也几乎是到了近现代以后才开始逐渐出现。中国的统治者设计并构建这种相对复杂的专业分工制度的目的,一方面是提高政治统治与国家管理的效率;另一方面,也存有权力监督与权力制衡的考虑。自秦以降,中国历代王朝均设有专门的权力监督部门,以承担对上诤谏和对下纠察的职能。而隋、唐、宋时期逐渐成熟的三省制,无论是唐代三省之间关于"受命""封驳"与"奉行"的分工,还是宋代元丰改制后三省关于"取旨""覆奏"与"施行"的分工,都以将皇帝意志的传达权、解释权以及执行权进行部门分置为目的,从而表现出关于权力分立与制衡的趋势与雏形。虽然这种政治监督、分立与制衡最终是为了服务于皇权,消除代表行政权力之相权对代表国家主权之皇权的威胁;但此种在政体结构内关于权力的分配与安排,可以说几乎达到了专制主义政体所能够实现的最高水平,而且这种关于政治分工与权力制衡的经验,即使在今天仍然存在积极的借鉴与启示意义。

从当前中国的政治实践来看,即使在社会主义中国,如果权力,尤其是行政权力不能得到有效的监督与约束,那么不仅可能导致较多、较大的决策失误,而且还可能导致权力寻租、卖官鬻爵等腐败问题的滋生。同时,由于中国特色社会主义制度的国体属性是人民民主专政,因此决定着在国家组织形式上,我们并不能照搬西方资产阶级模式的三权分立制度,更不能通过分割无产阶级所掌握的国家主权的方法来实现权力之间的互相监督与制衡。但是,在中国共产党的统一领导与人民民主专政的原则框架之内,在权力运行的具体过程中,在政体实践层面设计并构建出一套更加完善的、旨在监督与约束权力的机制,如真正落实小三权(决策权、执行权与监督权)的分置与制衡,则不仅不会影响到社会主义的根本性质,而且将更加有利于加强党的领导。建设这套机制的根本路径,即用制度化的方式既保证无产阶级牢牢地掌握着不可分割的国家权力,又维护专业化水平不断提高的行政、司法以及监察部门之间的相对独立,从而实现对权力的有效监督与制约。

其次,中国传统政治在发展的过程中,逐渐形成了一套较为成熟的官员管理机制,并主要表现在以下这几个方面:(1)完善的官员选拔制度。据《礼记·王制第五》记载,在西周时期,中国就已建立了一套先考察,后试用,最后再任命的选官制度,即"凡官民材,必先论之;论辩,然后使之;任事,然后爵之;位定,然后禄之"。此处的"论辩",指的是对选拔对象的德、才进行考察;"任事"则是指赋予一定的职权。到了秦汉乃至魏晋南北朝时期,在继承先秦时期官员选拔、任用传统的基础上,发展出了一套"察举"和"征辟"制度,九品中正制则代表着这种制度的最终成熟。进入隋唐时期，通过科举考试选拔人才的制度逐渐成熟并一直延续至清末，而科举考试最终也构成了为传统政治上层建筑提供人才的主要渠道。虽然中国传统的科举考试，因为按经义的内容和八股的形式为标准取士而带有极大的历史局限性，但它毕竟在前现代社会的历史环境中为社会阶层的流动提供了相对公平的制度化渠道，开辟了代表地主阶级利益的社会知识精英的从政之门，从而不仅在阶级基础上，而且在意识形态上加强了社会与政治上层建筑之间的联系。（2）严格的官员预任制度。在中国的传统社会中，广大儒生即使通过了科举考试也并不必然立即获得官位，而仅是相当于进入了官吏阶层的"预备队"，若要正式任用，还需通过吏部的考察与历练。一般情况下，获得较高名次的状元、探花等人，要先入翰林院；名次稍低者，则进入三省六部或地方政务机构，通过编修与撰写政治文书、协助处理具体和琐碎的政治事务以积累经验，并且通常要经过数年的历练才有机会出任最低级别的地方主官或政务部门的首长以独当一面。另外，某些朝代还创建了试用制度，如据《明史·选举志三》记载，朱元璋就曾下旨："京官初入仕者，且令试职，一年后考，堪用者与实授，不堪用者降黜，量才录用。"（3）严谨的官员考察与晋升制度。在中国的政治传统中，对官员的考察与晋升管理，一般通过考课、监察、回避、品阶以及俸禄等一整套制度来予以落实，其中一些制度在古代已具有相当程度的先进水平。例如我国是较早创设回避制度的国家。早在东汉时期，汉灵帝就颁布了"三互法"以要求有同籍关系和亲属关系的官吏进行职务上的回避；唐、宋以后，更增加了师生回避、官（员）幕（僚）回避、民族回避等制度，从而在形式上追求官员任命、考察与晋升时的程序正义。另外，在官员晋升制度上用品阶与俸禄制度进行量化管理，则反映出中国政治传统中较高的理性化水平。

政治上层建筑与意识形态虽然同为掌握政权的阶级服务，但政治上层建筑毕竟是由具体的人所构成的,而概括地说,这些具体的人主要是通过科层式的官僚制度组织进行政机构的,所以官僚队伍同时也构成了政治结构中最活跃的因素。因此,中国政治传统中一整套较为成熟的官员选拔、预任、考察、监督以及管理制度,为前现代政治上层建筑中行政组织的"专业化"提供了可靠并且稳定的制度支撑。虽然"官僚"一词,无论是在马克思主义还是当代西方资产阶级的政治学语境中均带有较多的贬义,但正如韦伯所言:"由纯技术的观点来看,(官僚型的行政组织)可能会获得最高的效率。……在明确性、稳定性、纪律的严格性,及可赖性诸方面,它都比其他形式的组织优越。因此,不论是组织的领导者或其他涉及组织的人,都能计算组织的行动后果。"①因此,从政治效率和政治理性(意指对政治行为后果的可预测性)这两个维度来看,官僚化与政治专业化两者之间并不能进行清晰的区分。因此,无论是资本主义国家还是社会主义国家,在现阶段的政治文明发展过程中,均不能回避政治机构的"官僚化",或曰"专业化"水平的进一步提高,而这种专业化水平也与官员管理制度是否完善存在着极为紧密的联系。因此,借鉴中国政治传统中关于官员管理的合理性因素,如进一步提高国家和地方公务员录取与晋升考试的科学性与严肃性,进一步重视担任各地方或部门领导者的履职经历,进一步确立党政官员晋升制度与回避制度的规范性,既关系到推动中国特色社会主义政治上层建筑进一步发展的制度保障,也构成了加强政治上层建筑的组成主体——党政干部素质的关键环节。

最后,中国政治传统中还有许多值得借鉴的合理因素,例如较早通过立法的形式来规范权力。据史料记载,《尚书·周官》中便已规定官职划分与用人之法,其后的《唐六典》《元典章》《明会典》《清会典》等,已与近现代的行政法规较为类似,而且其完备的体系、具体

① 《韦伯作品集Ⅴ》,广西师范大学出版社2004年版,第317页。

的实施细则,均为古代世界其他文明所未见。通过上述分析我们能够发现,任何一个社会的政治上层建筑,都在某种程度上存在着优点与缺陷,而这些优点与缺陷,又往往根植于该社会政治传统对当代政治所造成的积极或消极的影响。所以笔者认为,对于政治传统的研究,决不能抱着"与旧世界决裂"的态度,而需怀着对历史的敬畏感"述往事、思来者",沿着"研究问题、输入学理、整理国故、再造文明"的理路,在站稳马克思主义立场的前提下,最大限度地摒弃个人喜好,摘掉有色眼镜,从而更加客观地研究传统,从政治上层建筑的历史形塑过程中汲取适应当今制度自信的发展需要,以及具有时代意义的丰富启示,也只有如此,才能真正体现我们的"中国特色"。

（二）在扬弃中推进制度自信的现代发展

伟大的中国人民在艰苦卓绝的近现代革命进程中,终于冲决了数千年来束缚中国社会的皇权专制的网罗,推翻了旧的政治制度。然而,在社会生产力水平尚未充分发展的条件下,中国政治传统中那部分与现代社会相抵触的因素对当代政治的消极影响,其大小却总是与尚未改造完成的、分散落后的自然经济成分构成正比。同时,在两千多年的历史进程中长期占据统治地位的封建意识形态,也并不会因为旧制度的被摧毁而立即消灭。最后,破坏旧的政治制度固然不易,但构建新的政治制度更为艰巨,而且如果旧制度被摧毁后新制度不能很快地发展与成熟起来,那么其必然面临着传统的复辟与挑战。因此,为了推动社会主义政治文明的进一步发展,我们必须对政治传统中无法回避的消极因素进行深刻的反思。而从近现代革命与社会主义建设的实践进程中,我们不难看出,诸种传统因素中以专制主义和官僚主义为祸最大,其他传统积弊与封建遗毒也大多源出于此。因此,清算、遏制并最终消除政治传统中的专制主义遗毒与官僚主义流弊,构成了中国特色社会主义制度自信构建过程中极为重要的内容。

1.政治传统中的专制主义遗毒

自秦代到清末两千多年的时间里,中国的君主政体始终以专制主义为基本原则,而专制主义作为一种国家权力的组织形式,在世界上的大部分国家与文明中都存在过,即使到"二战"前后,世界上还有一些国家,如"二战"前的法西斯主义国家、"二战"后的一些军政府国家,奉行着政治上的专制主义。

然而,东、西方的君主专制主义在历史渊源与后世发展中却存在着很大的区别。西方早期的君主专制主义形成于城邦时代之前,是一种与平民政体和寡头政体并行的政权组织形式,而且专制主义最终由于"城邦体制"的瓦解而与"帝国体制"相结合,虽然在中世纪到来之前取得了暂时的胜利,但随着罗马帝国的分裂与式微,西欧的封建主义在部落因素与领主经济的支持下,逐渐取代专制,构成了西欧主要国家的政体组织原则。而随着资本主义商品经济的发展,在资本逻辑的推动下,专制主义在西方又复活并作为封建主义的对立面,推动了西方封建社会的解体与民族国家的诞生。最后,在资本主义和社会主义政治文明的共同发展下,作为政治组织原则的专制主义,最终在大部分国家被扫进了历史的垃圾堆。

相反,中国的君主专制政体以及专制主义,是作为春秋、战国时期分封贵族政体的对立面发展而来。但在古代,中国的君主专制政体与专制主义原则几乎没有受到过平民政体与民主原则的挑战;在近代,中国的专制政体与资本主义和商品经济的发展之间也并无多少勾连。因此,中国政治传统中的专制主义不仅表现得根深蒂固,而且作为与分散的自然经济基础相契合的政体组织原则,在根本上也对立于现代社会化大生产和商品经济。

中国专制主义的遗毒主要表现在三个方面:

一是造成政治权力的私有化倾向。秦始皇作为专制政体的创始人，曾经设想"朕为始皇帝，后世以计数，二世三世以至万世，传之无穷"。这种将国家视为私产，并企图通过父子相传的方式以延续万世的制度设计，导致了在中国不仅是皇帝宗室，而且广大构成政治上层建筑的官吏，均将政治权力视为自己的私人财产，从而酝酿了大量的腐败问题。这种专制主义的遗毒对于当今中国特色社会主义的政治发展同样造成了不小的危害，例如少数党政干部将党和人民赋予自己的政治权力，或通过权力寻租变现为实际利益，或通过裙带关系在政府部门中安插亲属子女，从而通过私有化的方式使政治权力能够在家族内得到继承。

二是造成政治制度的封闭与僵化。正如上文所述，中国自始皇帝开始构建的专制政体，对于巩固分散的自然生产方式与社会基础起到了至关重要的作用，但以专制主义为原则所构建的政体，从根本上来说存在着一种阻碍社会变迁的停滞倾向，因此在发展过程中，必然导致社会各阶层在国体结构层面的封闭与僵化。这种遗毒也导致当代少数党政干部在社会管理中求"常"拒"变"，片面地强调稳定而忽视发展，对于社会新兴事物总是抱有一种恐惧感，尤其是对于政治体制改革"谈虎色变"，从而不自觉地成为中国特色社会主义政治文明发展进程中的障碍。

三是导致权力得不到有效约束。在"命为制，令为诏""天下之事无小大皆决于上"的中国传统政体中，皇权从来没有受到真正有效的约束，而作为皇权在实际运行中的代理人，各级官僚所掌握的权力对于被治者而言也是不容挑战与质疑的。尽管有些学者认为，中国古代政治传统中并非皇权专制，而是士人阶层与皇帝的"共治"，而且创立的"朝议""封驳"以及"诤谏"等制度作为民主制度的雏形，对皇权也构成了一定的约束。但这里需要指出的是，士人阶层与皇帝的共治只是一种虚构状态，而且正如上文所述，士人集团即使在比较理想的情况下，充其量也只是皇帝之下的"佐治阶层"。

另外,为皇权所设立的"封驳"或"诤谏"等制度的根本目的,在于减少皇权在运行过程中的决策失误,防止皇帝被权臣、近臣蒙蔽而大权旁落,从而巩固皇帝本人的统治。因此参与朝议与负责诤谏的大臣,充其量不过是皇帝身边的顾问,而在皇帝与顾问之间是不存在所谓民主监督与权力约束的。另外还需指出的是,以往为一些学者所津津乐道的三省制度常被视为权力制衡的典范,以证明中国传统政治制度对于行政权力的约束。不错,三省制度的确有效地约束了尚书省的行政权,但其"制衡"的要害之处却在于分散了一度能够制衡"皇权"的"相权",这种分散最终导致了皇权的更加集中,从而使中国传统政体产生更加典型的专制主义倾向。这种对政治传统的误解,对于当代社会主义民主制度的发展与完善也产生了一定的消极影响。由于在中国古代长期的政治发展过程中,政治民主因素发育的极度不良,导致专制主义政体在中国政治上层建筑的历史形塑过程中发展得如此充分,因此从反面看,要消解专制主义的遗毒,要真正实现对权力的有效约束,最重要也是最根本的路径,并不在于加强自上而下的权力监督,而在于构建更加完善并且切实可行的社会主义人民民主专政,在制度上保证政治权力来源于并且服务于广大人民,从而在根本上消解专制主义赖以存在的基础。

2.政治传统中的官僚主义流弊

官僚政治作为一种科层制、专业化的政治组织形式,是人类现阶段政治发展所不能回避,也不能跨越的一种政治制度。但无论是马克思主义还是西方资产阶级政治学说,都承认官僚政治中存在的流弊甚多,而其中最大的危害,莫过于它所导致的官僚主义。

官僚主义对中国社会与政治造成的危害,主要表现在以下这几个方面:

首先,中国的官僚阶层最早是从服务君主宗室的家政人员演变而来的,因此中国传统政治中的官僚阶层,实为一家一姓之私奴,而非社会百姓之公仆。如果从社会组织结构的维度分析，政治上的家产官僚制是社会中宗法共同体在制度上的"拟态"，因此科层制中的下级官僚与上级官僚、高级官僚与皇帝宗室之间赖以维系的是一种基于差序格局的人身依附关系，而非现代官僚制度中的契约关系。所以上级官僚的政治素质、知识水平，甚至旨趣好恶，都会对下级官僚产生巨大的影响。而官僚在处理政务时，不仅唯命是从，更须揣度上级的态度，从而导致了中国传统政治中难以消除的人治色彩。

其次，虽然在隋唐时期确立的科举制度在形式上中断了门阀世家垄断政治权力的传统，但历代科举考试的内容却很少超越儒家学说的经义，从而导致在春秋、战国乃至两汉时期思想始终较为活跃的士人阶层，在后世的历史发展中思想逐渐僵化。尤其是在明、清时期通过八股取士所选取的官员，更表现出进取精神与独立人格的严重缺失，而且大部分经过相当长时间历练的官员，大抵也只是熟悉文书、刑名、钱谷，以及维护社会稳定的"驭民之术"，完全没有推进社会、政治与经济发展的动力与才智。这种由官僚主义所导致的整个官僚阶层因循守旧的整体性格，也是造成中国两千多年来社会逐渐封闭僵化的重要原因。

最后，官僚主义的发展必然导致政治上层建筑的异化。正如前文所述，只要社会中仍然存在家庭与私有制，那么，普遍的权力与利益总会表现出特殊化的冲动与趋势。权力的特殊化过程，先是导致了政治权力对立于社会权力，后是导致了政体对立于国体；前者产生了阶级国家，后者滋生了政治腐败。正如卢梭所言："在不同的意志中，哪个愈是集中，哪个便愈趋活跃。因此，公意总是最弱的，团体的意志居第二位，个别的意志则占据这几种意志的首位。"①而官僚阶层作为政治上层建筑中组织化程度最高的集团，必然呈现出高度的活跃性，因此官僚阶层关心本阶层的利益总是甚于关心国家乃

① ［法］卢梭：《社会契约论》，商务印书馆2011年版，第70页。

至皇帝宗室的利益；而作为个人，具体的官僚又必定将自身以及家族的利益放在首位。所以，在私有制没有被消灭之前，统治阶级的代理人与统治阶级之间的矛盾是不可能完全消除的。同时，正如韦伯所言，"官僚行政系统之所以优越，主要是因为专业知识在其中所扮演的角色"①，"一方面，专业性的知识本身即足以保证非常的权力地位；另一方面，官僚组织……又可能以处理政治事务所累积的经验和知识，来增强其权力"②，官僚主义的发展又必然赋予官僚阶层腐败的能力。因此，在动机与能力的合力作用下，官僚阶层为实现本阶层、本部门、本家族以及个人的私利，便必然会对立于社会，对立于自己所代表的阶级，从而最终导致政治上层建筑的异化。

3.摒弃政治传统中糟粕的主要措施

综上所述，我们能够看到，由于官僚主义与专制主义在中国传统政治上层建筑中的长期结合，它们对中国社会所造成的危害可谓罄竹难书，因此，清除政治传统中的专制主义遗毒与官僚主义流弊，成了中国特色社会主义制度发展与制度自信构建的关键内容。

中国共产党自建党以来，就从来没有忽视过反对专制主义与官僚主义的问题，但由于专制主义作为传统政治组织的一种原则，相对而言较为抽象，而且自君主专制制度被彻底推翻之后，专制主义在中国已彻底失去了政治伦理上的合理性，因此专制主义的遗毒大都通过官僚主义的危害表现出来，也因此，中华人民共和国成立之后，党和国家领导人尤其重视反对和打击官僚主义倾向。中国共产党在掌握国家政权后，在历次运动中，从未放松过对于官僚主义的打击，而在十一届三中全会召开后，我们党又开始不遗余力地通过加强社会主义法制、构建和完善监督机构等制度建设的方法来遏制官僚主义倾向。十八大之后，反对官僚主义之风构成了"反四风"的

---

① 《韦伯作品集Ⅱ》，广西师范大学出版社2004年版，第315页。
② 《韦伯作品集Ⅱ》，广西师范大学出版社2004年版，第320页。

重要内容。虽然在反对官僚主义的政治建设中，我们党进行了种种努力，也取得了不小的成果，但是并不能说官僚主义现象在我们今天的政治生活中已得到了有效的遏制；而且在反对官僚主义的政治实践中，我们也发现，尽管通过"搞运动"的方式能够在一定程度上打击官僚主义现象，但从长远来看，要遏制官僚主义倾向的反复，还是必须从制度建设本身的进一步发展入手。

首先，遏制官僚主义必须贯彻群众路线。由科层制组织而成的官僚政治通常会导致官僚主义倾向，其中最明显的特征即在于"唯上不唯下"，一切以上级的命令、指示为原则。因此，贯彻我们党的群众路线是克服这种倾向最有效的方法。邓小平同志早在 1956 年就指出，社会主义政治生活中出现官僚主义的重要原因，即在于部分党政干部"不接近群众，不重视调查研究，从想象和愿望出发，主观主义地来考虑和决定他们的工作"，并且"把自己的绝大部分时间，用在处理文电和不必要的过多的开会上面，很少深入基层，深入群众"。① 而要贯彻群众路线，遏制官僚主义，必须做到以下五点：（1）着重进行党的群众路线的教育；（2）系统地改善各级领导机关的工作方法，使领导工作人员有足够的时间深入群众；（3）健全党的和国家的民主生活，使党和政府的下级组织，有充分的便利和保证，可以及时地、无所顾忌地批评上级机关工作中的错误和缺点；（4）加强党和国家的监察工作，及时发现和纠正各种官僚主义的现象；（5）开展批评和自我批评。② 习近平总书记在《群众路线是党的生命线和根本工作路线》中也精辟地指出，现阶段官僚主义的主要表现，"主要是脱离实际、脱离群众，高高在上、漠视现实，唯我独尊、自我膨胀"③。因此，遏制官僚主义最根本的途径即贯彻党的群众路线。

---

① 《邓小平文选》（第 1 卷），人民出版社 1994 年版，第 222 页。
② 《邓小平文选》（第 1 卷），人民出版社 1994 年版，第 223—224 页。
③ 习近平：《习近平谈治国理政》，外文出版社 2014 年版，第 369 页。

其次,遏制官僚主义必须依靠民主与法制。从历史经验来看,同官僚主义的斗争是一项长期而又艰巨的任务,需要在社会各方面进行持之以恒的努力,因此,加强社会主义民主、健全社会主义法制,有效运用民主与法制这两件武器,才是遏制官僚主义蔓延的根本方法。因此必须做到:(1)完善民主选举,促进政治参与的有序扩大。虽说在中国传统政治的发展过程中逐步成熟的官员选拔制度,为当今中国政治文明的发展提供了有益经验,但"选举"毕竟是民主制度最根本的基础与体现。而通过民主选举来促进人民的代表在政治结构中的流动,一方面有利于构成政治上层建筑的党政干部能够真正代表并反映无产阶级与广大人民群众的利益;另一方面,也有利于打破官僚主义所导致的封闭僵化,遏制官僚本身作为一个阶层形成部门利益的自然倾向。(2)加强法制建设,增强法律的权威性。正如邓小平同志所指出的,"我们国家缺少执法和守法的传统","我们过去的一些制度,实际上受了封建主义的影响,包括个人迷信、家长制或家长作风,甚至包括干部职务终身制",因此要清除专制主义遗毒、遏制官僚主义倾向,"只有建立社会主义民主制度和社会主义法制,只有这样,才能解决问题"。① 所以,要破除中国政治传统中"家产官僚制"所积淀的重人治、轻法治,以及下级通过对上级个人的效忠来建立"人身依附"关系的倾向,必须重视法制建设,通过树立"法的权威"来取代"人的权威",以"契约关系"来取代"依附关系"。(3)推进政治体制改革,完善中国特色社会主义政治上层建筑。进一步推动政治体制改革,发展与社会主义市场经济相适应的政治上层建筑,尤其是明确政府与社会、党与政、中央与地方之间的权责关系,对于遏制官僚主义具有极为重要的意义。

最后需要指出的是,官僚主义倾向作为官僚政治本身所固有的缺陷,要想从根本上予以消灭,恐怕并不符合当前的社会现实。同

---

① 《邓小平文选》(第2卷),人民出版社1994年版,第348页。

时,由于官僚主义的缺陷不仅困扰着人民民主专政的社会主义国家,而且也对资本主义国家造成了很大的危害;因此,在推动中国特色社会主义制度进一步发展与完善的过程中,汲取人类政治文明发展中的共同成果与有益经验,有助于我们最大限度地遏制官僚主义所带来的负面因素与消极影响,并且在生产力水平发展到一定高度时,最终通过消灭官僚政治的方式铲除官僚主义的危害。

第五章

机遇与挑战

——新时代中国特色社会主义制度自信培育

———

习近平总书记在庆祝中国共产党成立95周年大会上的讲话中强调:"我们要坚信,中国特色社会主义制度是当代中国发展进步的根本制度保障,是具有鲜明中国特色、明显制度优势、强大自我完善能力的先进制度。"①但是,中国特色社会主义制度自信不是凭空产生的,我们要主动作为、精心培育。在制度自信的培育过程中,机遇与挑战并存,我们要牢牢把握机遇,直面困难和挑战,坚定中国特色社会主义制度自信。正如习近平总书记所说的那样:"当今世界,要说哪个政党、哪个国家、哪个民族能够自信的话,那中国共产党、中华人民共和国、中华民族是最有理由自信的。有了'自信人生二百年,会当水击三千里'的勇气,我们就能毫不畏惧面对一切困难和挑战,就能坚定不移地开辟新天地、创造新奇迹。"②

---

① 《习近平在庆祝中国共产党成立95周年大会上的讲话》,《人民日报》2016年7月2日。
② 《习近平在庆祝中国共产党成立95周年大会上的讲话》,《人民日报》2016年7月2日。

一、加强我国的制度研究与宣传，展示新时代中国特色社会主义制度自信的价值维度

（一）深入制度研究，揭示制度自信的价值力量

要培育新时代中国特色社会主义制度自信，首先要加强中国特色社会主义制度的研究，深入分析和把握中国特色社会主义制度的特点和优势，在深入理解中国特色社会主义制度的特点和优势的基础上，获得制度自信的价值力量。

1.中国特色社会主义制度的特点

（1）制度体系的科学性和完整性是中国特色社会主义制度的突出特点

中国特色社会主义制度是一个由不同层次、不同功能作用的制度组成的相互衔接、相互联系的完整制度体系。在这一制度体系中，既包括根本制度、基本制度，又包括各种具体制度。在基本制度中，既包括基本政治制度，也包括基本经济制度；在具体制度中，既包括具体的经济制度、政治制度，也包括具体的文化制度、社会制度、生态文明制度等。根本制度、基本制度、具体制度等各个层次的制度紧密联系、相互衔接，构成了一个完整的、科学的制度体系。这一完整的、科学的制度体系，实现了国家民主制度和基层民主制度的统一，实现了党的领导、人民当家作主与依法治国的统一，实现了经济、政治、文化、社会等各项具体制度的统一。

坚持党的领导、人民当家作主、依法治国的有机统一，是中国特色社会主义政治道路的根本原则和核心所在。在中国，党的领导是人民当家作主和依法治国的根本保证。无论是发展民主还是建设法治，都离不开党的领导。人民当家作主是社会主义民主政治的本质和核心。人民依照法律的规定，通过各种途径和形式，管理国家事务和社会事务，管理经济和文化事业，才能真正成为国家、社会和

自己命运的主人。依法治国是党领导人民治理国家的基本方略。只有实现社会主义民主的法律化、规范化和程序化，人民当家作主才能具有坚实保证。中国共产党的领导，是历史的选择、人民的选择，是人民为了实现当家作主而做出的选择。在中国，如果没有一个坚强有力的政治核心，国家就会分崩离析，就不可能保证人民当家作主。中华人民共和国成立六十多年来，特别是改革开放四十年来，我们党从人民当家作主这一制度本质出发，领导人民制定宪法和法律，经过长期不懈努力，已形成一个以宪法为统帅，以宪法相关法、民法、商法等多个法律部门的法律为主干，由法律、行政法规、地方性法规等多个层次的法律规范构成的中国特色社会主义法律体系。这个法律体系，不但为确保国家一切权力牢牢掌握在人民手中，确保国家永远沿着中国特色社会主义的正确方向奋勇前进提供了法律保障；而且也使国家经济建设、政治建设、文化建设、社会建设、生态建设都能够有法可依。可以说，中国特色社会主义制度集中体现了党和人民的意志，为更好实现人民当家作主、依法治国相统一，为全面落实依法治国基本方略、着力建设社会主义法治国家提供了强大的法律和制度保障。

对于中国特色社会主义制度的这一特点，习近平总书记进行了深刻的阐释，他指出："中国特色社会主义制度，坚持把根本政治制度、基本政治制度同基本经济制度以及各方面体制机制等具体制度有机结合起来，坚持把国家层面民主制度和基层民主制度结合起来，坚持把党的领导、人民当家作主、依法治国有机结合起来，符合我国国情，集中体现了中国特色社会主义的特点和优势，是中国发展进步的根本制度保障。"①

---

① 习近平：《习近平谈治国理政》，外文出版社2014年版，第9—10页。

（2）制度的继承性与创新性相统一是中国特色社会主义制度的鲜明特点

坚持和继承是发展创新的基础，中国特色社会主义制度是中国共产党人在马克思主义指导下，从中国实际出发进行艰辛探索和伟大创造的结果。以人民代表大会制度为例，它是马克思主义国家学说和我国政治实践相结合的伟大创造，是近代以来中国政治发展的必然结果，是中国共产党带领各族人民长期奋斗的重要成果。从第一次国内革命战争时期的罢工工人代表大会和农民协会到第二次国内革命战争时期的工农兵代表苏维埃，从抗日战争时期的参议会到解放战争后期和中华人民共和国成立初期各地普遍召开的各界人民代表会议，都为中华人民共和国成立后人民代表大会制度的建立进行了实践探索和制度准备。依据临时宪法《共同纲领》建立的中华人民共和国中央人民政府以及此后建立的各级地方人民政府，则为人民代表大会制度提供了雏形。1954年9月15日第一届全国人民代表大会第一次会议的召开，标志着人民代表大会制度在全国范围内正式建立。实践证明，人民代表大会制度是中国人民在人类政治制度史上的伟大创造，它是体现社会主义国家性质、符合中国实际、保证人民当家作主、保障实现中华民族伟大复兴的好制度。

在坚持和继承的基础上，我们不断推进人民代表大会制度的发展和创新。1978年之后，伴随着改革开放的伟大实践，人民代表大会制度进行了一系列改革。一是改革选举制度。修改《选举法》，使城乡人口选举人大代表的比例从1953年的8比1到1996年的4比1，到2010年以后的1比1，实现了城乡同票同权和平等原则；适度扩大直选范围，实行差额选举，赋予代表或选民以候选人的提名权等。二是改革人民代表大会组织制度。在县以上地方人民代表大会设立常务委员会，在全国人民代表大会和较大的市以上的地方人民代表大会设专门委员会。三是进行人大职能改革。扩大全国人大常委会的立法权和监督权,全国人大常委会可以制定除基本法律以外的其他法律,大会闭会期间可以任免政府官员等;赋予地方人民代表大会及其常务委员会以立法权;等等。人民代表大会制度的建立和创新发展充分体现了中国特色社会主义制度形成过程中继承性与创新性相统一的鲜明特点。

（3）根植中国土壤与借鉴人类文明成果相统一是中国特色社会主义制度的又一显著特点

各国的历史、文化、传统不同,生产力发展水平不同,因此,各国的政治制度和社会制度也不尽相同,世界上不存在完全相同的政治制度。中国特色社会主义制度根植于中国土壤,是符合中国国情的产物,是我们党把科学社会主义基本原理同中国具体实际相结合,从社会主义基本国情出发,逐步探索形成和确立起来的一种既体现社会主义本质要求,又体现鲜明中国气派、中国风格的新型社会主义制度。因此,无论是中国特色社会主义根本制度、基本制度,还是各项具体制度,都具有鲜明的中国特色。正如习近平总书记在全国人民代表大会成立60周年大会上的讲话中指出的:"中国实行工人阶级领导的、以工农联盟为基础的人民民主专政的国体,实行人民代表大会制度的政体,实行中国共产党领导的多党合作和政治协商制度,实行民族区域自治制度,实行基层群众自治制度,具有鲜明的中国特色。"①

与此同时,中国特色社会主义制度又是我们党在改革开放历史进程中,在和平与发展成为时代主题、经济全球化发展成为时代潮流的大背景下,总结世界社会主义发展的经验教训,顺应时代发展要求和世界发展潮流而探索确立的一种新型社会主义制度模式。在中国特色社会主义的发展过程中,我们党依据时代发展要求,根

① 《习近平在庆祝全国人民代表大会成立60周年大会上的讲话》,《人民日报》2014年9月6日。

据世界经济、政治、文化、科技发展进步的新情况,学习借鉴人类制度文明的有益成果,不断推进社会主义制度的自我完善和发展,坚定不移地推进中国特色社会主义制度的改革创新。比如,在中国特色社会主义根本政治制度、基本政治制度及政治体制完善方面,我们党主动适应政治民主化这一世界发展潮流,不断改进党的领导方式和执政方式,不断扩大社会主义民主,不断完善基础民主制度,不断加大对权力的监督和制约,积极推进社会主义协商民主,全面推进依法治国,不断深化政治体制改革。在中国特色社会主义经济制度和经济体制改革方面,我们党主动适应经济全球化这一世界发展潮流,明确确立了坚持公有制为主体、多种所有制经济共同发展的基本经济制度,建立和完善社会主义市场经济体制,不断深化经济体制改革,取得了举世瞩目的成就。

正是由于中国特色社会主义制度既根植于中国土壤,又吸收和借鉴了人类文明的成果,才会产生如此强大的生命力。正如习近平总书记所指出的那样,我们坚定制度自信,不是要故步自封;中国要永远做一个学习大国,兼容并蓄、海纳百川,学习借鉴人类的一切优秀文化成果,并形成我们的民族特色。

2.中国特色社会主义制度的优势

评价一个制度好不好,完善不完善,是有具体标准的。邓小平同志曾经指出:"我们进行社会主义现代化建设,是要在经济上赶上发达的资本主义国家,在政治上创造比资本主义国家的民主更高更切实的民主,并且造就比这些国家更多更优秀的人才。达到上述三个要求,时间有的可以短些,有的要长些,但是作为一个社会主义大国,我们能够也必须达到。所以,党和国家的各种制度究竟好不好,完善不完善,必须用是否有利于实现这三条来检验。"①这段话是邓小平同志三十多年前说的,回顾我国四十年改革开放取得的伟大成

① 《邓小平文选》(第2卷),人民出版社1994年版,第322—323页。

就,我们对邓小平同志的这段话有了更加深刻的理解。中国特色社会主义制度具有哪些优势呢?概括来说,主要有以下几点:

一是中国共产党的领导是中国特色社会主义制度的最大优势。中国共产党是我们事业的坚强领导核心,党政军民学,东西南北中,党是领导一切的,是最高的政治领导力量,各个领域、各个方面都必须坚定自觉坚持党的领导。现代政党政治的有关研究表明,一个强大的政党对于一个国家的稳定和发展至关重要。很多发展中国家软弱涣散、发展缓慢,甚至动荡不安、战乱不断,原因之一就是缺乏一个强大政党的统一领导。从我们国家的实际情况看,正是由于有了中国共产党的坚强领导,中国人民才从根本上改变了自己的命运,中国发展才取得了举世瞩目的伟大成就,中华民族才迎来了伟大复兴的光明前景。历史和现实都表明,中国共产党的领导是中国特色社会主义最本质的特征,是中国特色社会主义制度的最大优势。

二是中国特色社会主义制度能够有效整合社会资源,集中力量办大事。中国特色社会主义制度既强调充分发扬民主,集中各方面的意见建议,充分调动各方面的积极性、主动性、创造性,又要求实现正确的集中,保证党和国家的决策部署得到迅速有效的贯彻执行。这一制度优势有利于中央政令统一、全国上下一盘棋、集中力量办大事,有效推动各项事业的发展。也正是由于这一制度优势,中国特色社会主义制度能够把各种经济社会资源迅速组织调动起来,快速高效应对各种突发事件,完成各项重大任务。这些年,我们成功举办了一系列大事、要事,从容应对了一系列急事、难事,合力办成了一系列好事、喜事。如我们成功举办了北京奥运会、残奥会、上海世博会、20国集团领导人杭州峰会等,克服了"非典"、汶川特大地震等严重困难,充分彰显了中国特色社会主义制度的巨大优越性和强大生命力。

三是中国特色社会主义制度具有最大限度地发扬人民民主、激发全社会创造活力的政治优势。我们党坚持以保证人民当家作主为根本，以增强党和国家活力、调动人民积极性为目标，不断推进政治体制改革，在社会主义根本政治制度和基本政治制度基础上，构建了选举民主与协商民主、党内民主与人民民主、民族区域自治与基层群众自治相结合的民主政治发展格局。这样一套制度安排，能够有效保证人民享有更加广泛、更加充实的权利和自由，保证人民广泛参加国家治理和社会治理；能够有效调节国家政治关系，发展充满活力的政党关系、民族关系、宗教关系、阶层关系、海内外同胞关系，增强民族凝聚力，形成安定团结的政治局面。实践证明，中国特色社会主义制度完全能够创造出比资本主义民主更广泛更彻底的民主，能够最大限度地调动广大人民群众的积极性、主动性、创造性，永葆党、国家和全社会的创造活力。

四是中国特色社会主义制度能够最大限度地解放和发展社会生产力，推动经济社会全面发展。判断一种社会制度的优劣，最终要看它促进生产力发展的程度。中国特色社会主义制度，坚持以公有制为主体、多种所有制共同发展的基本经济制度，既体现了人民的整体和长远利益，又显示出多层次、全方位推进生产力发展的制度优势；坚持社会主义市场经济体制的改革目标，既尊重市场规律，又发挥政府作用，能够及时纠正市场扭曲，弥补市场失灵，彰显了社会主义基本经济制度与市场机制相结合的资源配置优势；坚持以按劳分配为主体、多种分配方式并存的分配制度，让一切劳动、知识、技术、管理和资本的活力竞相迸发，体现了公平和效率相统一的优势。正是在这一制度框架下，我们创造了无数的"中国奇迹"，取得了举世瞩目的伟大成就。

五是中国特色社会主义制度有利于维护和促进社会公平正义，实现人民共同富裕。社会主义从诞生之日起就与公正紧密相连，把公正作为重要价值目标。在长期的奋斗历程中,我们党始终致力于实现社会公正,对公正的认识不断深化。党的十八大报告强调公平正义是中国特色社会主义的内在要求。要在全体人民共同奋斗、经济社会发展的基础上,加紧建设对保障社会公平正义具有重大作用的制度。要逐步建立起以权利公平、机会公平、规则公平为主要内容的社会公平保障体系,努力营造公平的社会环境,保证人民平等参与、平等发展的权利。同时,我们坚持社会主义基本经济制度和分配制度,调整国民收入分配格局,加大再分配调节力度,着力解决收入分配差距较大问题,使发展成果更多更公平地惠及全体人民。这些制度安排,有利于维护和促进社会公平正义、实现人民共同富裕,是中国特色社会主义制度优越性的本质体现。

六是中国特色社会主义制度有利于维护民族团结、社会稳定、国家统一。民族区域自治制度是国家的一项基本政治制度,它的核心是保障少数民族当家作主,管理本民族、本地区事务的权利。我国是统一的多民族国家,在 56 个民族中,汉族人口最多,其他 55 个民族人口较少,习惯上被称为少数民族。实现民族区域自治制度是合乎中国国情,保障各少数民族的平等、自治权利,巩固和发展平等、团结、互助、和谐的社会主义民族关系的正确选择。经过改革开放四十年的努力,在我国民族区域自治地方,各族人民的生活环境明显改善,经济和社会事业迅速发展。经济快速增长,人民生活水平显著提高;基础设施明显改善,传统文化得到保护和弘扬;教育水平显著提高,医疗事业持续进步。民族区域自治制度维护了民族团结、社会稳定、国家统一。反观一些国家,由于对民族问题处理不当,导致动乱战乱、边疆不稳,甚至国家分裂。这一比较,我们更能理解中国特色社会主义制度的优越性。

习近平总书记在全国人民代表大会成立 60 周年大会上的讲话中深刻总结了中国特色社会主义制度的优势,他说:"这样一套制度安排,能够有效保证人民享有更加广泛、更加充实的权利和自由,保证人民广泛参加国家治理和社会治理;能够有效调节国家政治关系,发展充满活力的政党关系、民族关系、宗教关系、阶层关系、海内外同胞关系,增强民族凝聚力,形成安定团结的政治局面;能够集中力量办大事,有效促进社会生产力解放和发展,促进现代化建设各项事业,促进人民生活质量和水平不断提高;能够有效维护国家独立自主,有力维护国家主权、安全、发展利益,维护中国人民和中华民族的福祉。"①我们在深刻理解中国特色社会主义制度的特点和优势的基础上,就能准确把握中国特色社会主义制度自信的价值力量。

(二)加强制度宣传,弘扬制度自信的价值认同

社会成员制度自信的形成和强化,既需要社会制度现实绩效和制度本身价值正当性的支持,也需要我们自觉地利用国民教育体系和大众媒体进行有效的宣传。研究表明,思想舆论场是各种思想和理论交锋、竞争的博弈场域。如果积极的思想和舆论不能占据舆论高地、掌握话语权,其他各种消极和反动的思想就会攫取优势地位,并会对国家和社会造成消极影响,甚至是危害。因此,为了在思想舆论场域形成对于中国特色社会主义制度的正向认知和积极评价,促进社会成员对中国特色社会主义制度产生自信,并维持和发展这种自信,我们要高度重视中国特色社会主义制度传播的自觉性和有效性,加强制度宣传,弘扬制度自信的价值认同。

习近平总书记在 2013 年 8 月 19 日至 20 日召开的全国宣传思想工作会议上指出,要深入开展中国特色社会主义宣传教育,把全国各族人民团结和凝聚在中国特色社会主义伟大旗帜之下。要树

---

① 《习近平在庆祝全国人民代表大会成立 60 周年大会上的讲话》,《人民日报》2014 年 9 月 6 日。

立以人民为中心的工作导向,把服务群众同教育引导群众结合起来,把满足需求同提高素养结合起来,多宣传报道人民群众的伟大奋斗和火热生活,多宣传报道人民群众中涌现出来的先进典型和感人事迹,丰富人民精神世界,增强人民精神力量,满足人民精神需求。必须坚持巩固壮大主流思想舆论,弘扬主旋律,传播正能量,激发全社会团结奋进的强大力量。关键是要提高质量和水平,把握好"时、度、效",增强吸引力和感染力,让群众爱听爱看、产生共鸣,充分发挥正面宣传鼓舞人、激励人的作用。在事关大是大非和政治原则问题上,必须增强主动性、掌握主动权、打好主动仗,帮助干部群众划清是非界限、澄清模糊认识。要精心做好对外宣传工作,创新对外宣传方式,着力打造融通中外的新概念、新范畴、新表述,讲好中国故事,传播好中国声音。习近平总书记的重要讲话,为我们加强制度宣传、弘扬制度自信的价值认同提供了基本遵循和理论与方法上的根本指导。

为了增强中国特色社会主义制度传播的自觉性和有效性,进一步提高广大党员干部和群众的制度自信,弘扬制度自信的价值认同,我们应该做好以下几个方面的工作。

1.大力加强制度自信和制度传播理论研究,完善制度传播机制

如果制度自信只限于自身的信奉,而没有得到外界的认同,只是故步自封、自说自话,那么这样的自信就是空洞的,是毫无说服力可言的。构建制度传播机制,让更多的人了解、理解中国制度,扩大提升中国制度的影响力和吸引力,才是真正有底气的自信。对相关理论和问题进行深入研究,有助于我们深刻理解制度自信的内涵、来源、判定标准,以及增强制度自信的实施路径,准确把握制度传播过程中的关键环节和问题,从而为有效地进行制度的宣传、教育和传播提供理论支撑。这也是加强制度自信宣传,提高制度自信价值认同的前提。

2.积极构筑综合性制度宣传体系和平台

构筑综合性制度宣传体系要求党和政府既高度重视和加快发展技术先进、传播迅捷、覆盖广泛的现代传播体系，又积极发掘在我们生活中长期存在、方便有效的传统媒介，从而为开展中国特色的社会主义制度的自觉和有效传播提供良好条件。随着新媒体的快速发展，国际国内、线上线下、虚拟现实、体制内外等界限日益模糊，构成了越来越复杂的大舆论场。任何事物都有两面性，新媒体的发展也为中国特色社会主义制度宣传提供了机遇，我们要主动借助新媒体的传播优势，完善运用体制机制，运用好中国特色社会主义制度宣传的新渠道。近些年来，新闻媒体在融合发展方面做了大量工作，取得了可喜的成绩。但是，从总体上看，发展还很不平衡。有的只是将传统媒体和新媒体做简单嫁接，"左手一只鸡，右手一只鸭"，没有真正实现融合。融合发展的关键在融为一体、合而为一。要尽快从相"加"阶段迈向相"融"阶段，从"你是你、我是我"变成"你中有我、我中有你"，进而变成"你就是我、我就是你"，着力打造一批新型主流媒体。作为中国特色社会主义制度宣传的国家主要媒体，《人民日报》、新华社、中央电视台等要在融合发展方面积极探索、走在前列，尽快成为新型主流媒体和制度宣传的主要平台，为中国特色社会主义制度宣传做出更大贡献。

3.科学提炼和准确把握制度宣传的重点内容和有效方法

我们要在认真研究不同受众的认知方式、心理特点、接受规律、语言习惯等的基础上，选择他们喜闻乐见和行之有效的传播方法和媒介，积极向广大社会成员传播中国特色社会主义制度形成的历史必然性和存在的现实合理性，增强广大群众对于中国特色社会主义制度的正向感知和认识，进而形成对于中国特色社会主义制度的理性认同和持久的理想信念，并最终转化为对中国特色社会主义制度的自觉践行和行动支持。

在中国特色社会主义制度宣传的重点内容上,我们要坚持团结稳定鼓劲、正面宣传为主。我们之所以要强调团结稳定鼓劲、正面宣传为主,是因为:一方面,我国社会积极正面的事物是主流,消极负面的东西是支流,要正确认识主流和支流、成绩和问题、全局和局部的关系,集中反映社会健康向上的本质,客观展示发展进步的全貌,使之与我国改革发展蓬勃向上的态势相协调;另一方面,我们正在进行具有许多新的历史特点的伟大斗争,面临的挑战和困难前所未有,必须激发全党全社会团结奋进、攻坚克难的强大力量,调动各方面的积极性、主动性、创造性。坚持团结稳定鼓劲、正面宣传为主,也不是说就当好好先生、东郭先生、开明绅士。对社会上存在的思想认识问题,要加强正面引导,通过摆事实、讲道理,明辨理论是非,澄清模糊认识。对重大政治原则和大是大非问题,要敢于交锋,敢于亮剑。对恶意攻击、造谣生事,要坚决回击、以正视听。正如习近平总书记《在党的新闻舆论工作座谈会上的讲话》中所指出的那样,引导社会舆论走向,要善于设置议题,让该热的热起来,该冷的冷下去,该说的说到位。要让我们设置的议题成为引导社会舆论的话题,而不是被社会舆论牵着鼻子走。要善于挖掘事实,也要善于提出概念、形成标识;要面向普通人群,也要影响关键少数。想让人看,还得让人爱看。设置的话题再好,报道力度再大,如果受众不感兴趣,必然效果不彰。有铁的事实、好的道理,还得有耳目一新、引人入胜的表达。高明的议题设置,往往是时机、技巧、方法的最佳运用。

在中国特色社会主义制度宣传的方法上,要把握好"时、度、效"这个检验中国特色社会主义制度宣传的标尺,在制度宣传中从"时、度、效"着力,体现"时、度、效"的要求。时,就是时机、节奏。时效决定成效,速度赢得先机。从事中国特色社会主义制度宣传的主流媒体要在增强时效性上下更大功夫,在坚持真实准确的前提下,力争第一时间介入、第一时间发布,不能让权威发布落在社会舆论后面,不能老是让网络媒体、都市类媒体甚至境外媒体抢我们的风头。传播学上有一个"首发效应",说的是首发信息对受众形成的"第一印象",会先入为主,再要改变过来就很难了。因此,我们在中国特色社会主义制度宣传上要完善快速反应机制,及时发布权威信息,有针对性地回应社会关切,先声夺人、赢得主动,确保首发定调。度,就是力度、分寸。中国特色社会主义制度宣传报道该造势的要造势,但不能在个别用词上大造其势;该突出的要突出,但不能渲染过头,都搞成排浪式宣传;该有力度的要有力度,但不能"失向""失准""失真""失范""失态"。要因事制宜、因时制宜,恰如其分地掌握宣传的密度和尺度。要区分不同情况、不同内容,合理运用媒体和宣传方式。效,就是效果、实效。中国特色社会主义制度宣传工作最终要看效果,这个效果就是群众满意、社会共识强、人民群众的制度自信有显著增强。要抓住人民群众关注的现实问题、国内外发生的热点问题,找准思想认识的共同点、情感交流的共鸣点、利益关系的交汇点、化解矛盾的切入点,不断提高工作实效。要讲求艺术、改进方法,注重联系实际阐释理论,围绕关切解读政策,针对问题解疑释惑,增强说服力、亲和力、感染力。在重大舆论斗争中,要既针锋相对、据理力争,又讲究策略、有理有利有节,争取最佳效果。

4.创新对外宣传方式,增强我国制度的国际影响力

我们要增强我国制度的国际影响力和在世界话语体系中的主导权,为增强国民制度自信提供有利的国际舆论场域。传播力决定影响力,话语权决定主动权。习近平总书记曾经指出:"失语就要挨骂。"可以说,"挨骂"问题我们还没有根本解决。究其原因,国际传播能力不强是一个重要方面。改革开放四十年来,我国综合国力和国际地位不断提升,国际社会对我国的关注前所未有,但中国在世

界上的形象很大程度上仍是"他塑"而非"自塑",在国际上有时还处于有理说不出、说了传不开的境地,存在着信息流进流出的"逆差"、中国真实形象和西方主观印象的"反差"、软实力和硬实力的"落差"。我们要加快提升中国话语的国际影响力,让全世界都能听到并听清中国声音。

讲好中国故事是传播中国声音的最佳方式。要讲好中国特色社会主义的故事,讲好中国梦的故事,讲好中国人的故事,讲好中华优秀文化的故事,讲好中国和平发展的故事。讲故事就是讲事实、讲形象、讲情感、讲道理。讲事实才能说服人,讲形象才能打动人,讲情感才能感染人,讲道理才能影响人。要组织各种精彩、精炼的故事载体,把中国制度寓于其中,使人想听爱听,听有所思,听有所得。要创新对外话语表达方式,研究国外不同受众的习惯和特点,采用融通中外的概念、范畴、表述,把我们想讲的和国外受众想听的结合起来,把"陈情"和"说理"结合起来,把"自己讲"和"别人讲"结合起来,使故事更多为国际社会和海外受众所认同,让中国故事成为国际舆论关注的话题,让中国声音赢得国际社会的理解和认同,为增强中国特色社会主义制度自信提供有利的国际舆论场域。

二、对比分析其他各种制度,彰显新时代中国特色社会主义制度自信的世界维度

(一)摒弃"制度他信",树立"制度自信"

要真正树立中国特色社会主义制度自信,不仅要深化对中国特色社会主义制度特点和优势的认识和研究,加强中国特色社会主义制度的宣传,而且要从根本上放弃一切"制度他信",实现从"制度他信"到"制度自信"的根本转变。

1.放弃对西方资本主义制度的"制度他信"，坚定制度自信

历史表明,西方资本主义制度对近代中国具有一定的吸引力。鸦片战争后,一些先进的中国人开始学习、宣传西方的资本主义制度,并试图在中国建立资本主义制度。近代中国曾有过两次建立资本主义制度的尝试。第一次是企图建立"君主立宪制"的资本主义制度。维新变法和清末新政都是以日本和欧洲为蓝本进行君主立宪制的资本主义制度的尝试,但由于封建顽固派的极力破坏而失败。第二次是"民主共和制"资本主义制度的尝试。尽管南京国民政府对资本主义制度进行了全面探索与实践,但由于封建势力的顽固以及国民党内部的腐败,封建专制制度并未发生根本改变,封建经济根深蒂固。两次资本主义制度尝试的失败,说明了资本主义制度在中国行不通。

尽管历史事实证明,资本主义制度在中国行不通,但是,一直以来,那种对资本主义制度的"膜拜"和"迷信"并没有根本消失。改革开放以来,由于社会主义市场经济体制以及其他各方面体制还不完善,少数人常常以西方发达资本主义国家的制度为标准来衡量我国的相关制度,并把我国当前与西方发达资本主义国家的差距归结到社会基本制度上,这显然有失偏颇。当今世界,绝大多数国家实行资本主义制度,但除了少数几个资本主义国家较发达外,其余绝大多数国家,特别是亚、非、拉美等地区的资本主义国家经济发展水平都很低。近代中国由于封建专制统治和帝国主义的疯狂掠夺,经济发展水平远落后于西方发达国家。中华人民共和国成立后,我们建立了社会主义制度,尤其是在改革开放后逐步形成中国特色社会主义制度,不但彻底改变了旧中国积贫积弱的状态,而且正逐步缩小与发达资本主义国家的差距。不顾历史事实,把当代中国与发达资本主义国家之间的差距归咎于中国特色社会主义制度,把改革开放以来经济社会发展中存在的问题全部归咎于中国特色社会主

制度,幻想实行资本主义制度会发展得更快更好,显然是违背历史规律的。因此,我们必须从根本上放弃对西方资本主义制度的"制度他信",牢固树立对中国特色社会主义制度的坚强信念。

2.放弃对传统社会主义制度模式的"制度他信",坚定制度自信

所谓传统社会主义制度模式,是以"斯大林模式"为代表的社会主义制度。应从两个层面正确认识传统社会主义制度:从社会基本制度的层面看,在经济领域实行单一公有制和按劳分配原则,在政治领域坚持无产阶级政党的领导地位和广泛的人民民主,在意识形态领域坚持马克思主义指导地位。社会基本制度的层面反映了传统社会主义制度模式的科学社会主义本质。就具体体制层面而言,传统社会主义制度模式总的特征是过度集权。受"斯大林模式"的影响,中华人民共和国成立初期,逐步形成了高度集中统一的社会主义制度模式,存在单一所有制、高度集中的计划经济、权力过于集中等一些弊端。1978年,伴随着我国改革实践的发展,中国特色社会主义制度逐步形成。中国特色社会主义制度既坚持了社会主义基本制度,又对具体的制度与体制进行了根本性变革,中国特色社会主义制度在实践中充满了生机和活力。

尽管历史已经充分证明了高度集中的传统社会主义制度模式不适合生产力发展的要求,但是,崇拜传统社会主义制度模式的观念依然存在。一部分人面对改革发展中出现的一些问题,企图走回头路,认为改革发展中出现的问题只要重回过去的传统社会主义制度模式就能迎刃而解。我们必须承认,在改革开放取得举世瞩目的巨大成就的同时,确实产生了很多严重的问题和挑战,特别是在社会公正、共同富裕、公共服务、反腐倡廉、社会安定和生态环境等方面还需要我们付出更大的努力。但是,把这些问题归咎于改革开放和中国特色社会主义制度没有根据,解决问题的出路在于继续深化改革,而不是走回头路。现实中存在的问题只能通过改革来解决,任

何企图回到改革前的想法和做法都只会给中华民族带来灾难，对此全党和全国人民都必须有清醒的认识。因此，我们必须从根本上放弃对传统社会主义制度模式的"制度他信"，坚定中国特色社会主义制度自信。

3.放弃对欧洲社会民主主义制度模式的"制度他信"，坚定制度自信

社会民主主义是西方各国社会民主党的指导思想，与科学社会主义根本对立。社会民主主义把实行社会保障和福利制度看作实现社会理想的一个极其重要的方面，认为现在最重要的问题"绝不是谁掌握生产资料，而是人们在社会生活中生活得如何。而人们的实际生活状况，又并不取决于人们掌握多少生产资料和有多少收入，而在很大程度上依赖于社会福利的因素"①。20世纪初，一些西方社会民主党把社会民主主义理念运用到实际中，形成了社会民主主义制度模式，其中"瑞典模式"是其典型代表。20世纪30—60年代是瑞典社会民主主义模式形成、发展和最为繁荣的时期，到了20世纪70年代中期，由于受世界石油危机的影响，瑞典经济也遭受了沉重打击，瑞典社会民主主义模式的光环开始消退。"（20世纪90年代以来，）瑞典模式已经失去了它的国际吸引力，而且越来越被看成是一种失败。尤其是，瑞典经济在过去20年中相当可怜的增长业绩和90年代的高失业率已经使这幅图画黯然失色。"②

瑞典模式在改良资本主义方面确实取得了一定的成就，积累了一定的成功经验。但是，如果只看到瑞典模式的成就，而忽略了它成功的特殊条件及其失败的深刻教训，就容易导致对瑞典模式的"顶礼膜拜"，甚至认为它是"普遍价值"。最近一段时间，少数人对

① 徐崇温：《民主社会主义评析》，重庆出版社1995年版，第166页。
② ［英］安德鲁·格林编：《新自由主义时代的社会民主主义——1980年以来的左翼和经济政策》，重庆出版社2010年版，第22页。

西方社会民主主义模式存在认识上的误区,有人提出西方社会民主主义模式特别是瑞典模式是"普世价值"。我们认为,任何成功的经验都是在一定历史条件和环境的基础上产生的,中国的国情不同于瑞典,照搬瑞典模式走社会民主主义道路行不通。中国没有社会民主主义生存的土壤,社会民主主义不适合中国。彻底放弃对欧洲社会民主主义制度模式的"制度他信",必须认清中国特色社会主义制度与社会民主主义制度模式的本质区别,科学把握中国特色社会主义制度的本质属性。首先,在意识形态上,社会民主主义主张指导思想的多元化,反对马克思主义的指导地位,社会民主主义制度实质上背离了科学社会主义的基本原则。其次,在生产资料所有制上,社会民主主义主张建立以私有制为主体的混合制经济,否定公有制存在的意义。在保护生产资料资本主义私有制的基础上实行混合经济制度和全民福利制度,私营企业拥有对生产的绝对支配权,这都暴露了其资本主义的本质。再次,中国特色社会主义制度实行本质上属于无产阶级专政的人民民主专政,坚持民主集中制的组织和活动原则,实行议行合一的国家机构运行方式;社会民主主义制度反对无产阶级专政,主张多党轮流执政,实行议会民主、三权分立的政治制度。因此,我们必须从根本上放弃对社会民主主义制度模式的"制度他信",坚定中国特色社会主义制度自信。

(二)决不照搬西方国家的政治制度模式

1.西方国家的政治制度及其缺陷

党的十八大报告指出:"要把制度建设摆在突出位置,充分发挥我国社会主义政治制度优越性,积极借鉴人类政治文明有益成果,决不照搬西方政治制度模式。"西方的政治制度涵盖多党制、议会制、选举制、任期制等,其显著特点是以自由、民主、人权为最高标榜。其中,影响比较大的有多党制度、议会制度和三权分立制度。

在资产阶级上升阶段,西方现代民主制度曾经发挥了动员广大民众、巩固资产阶级统治的巨大作用。然而随着时代的发展,西方民主制度越来越暴露出其重大弊端。

首先,金钱政治暴露了西方民主的虚伪性。民主选举是被西方国家高高举起的旗帜,并以此来表明他们的民主精神。但事实上,西方的民主选举都打上了深深的金钱烙印。以美国为例,2010年美国联邦最高法院裁决,公司和团体支持竞选的捐款不设上限。2014年美国联邦最高法院又裁决,个人竞选捐款也不设上限。至此,美国民主真正成为"钱主"。在强大的资本力量下,美国的政治力量缺少必要的独立性和中立性,几乎只能顺着资本力量的要求走。同样,美国的资本力量也在很大程度上完成了对社会力量的渗透,特别是对主流媒体的控制、对社会议题的设置等。牛津大学教授斯泰恩·林根曾警告:英美民主可能已经到了重蹈雅典民主覆灭命运的"临界点"。三权分立制度的设计初衷是通过政府权力间彼此制衡,最终更好地为公众服务。但在美国,权力互相牵制形成了僵局,整个国家得不到良好治理。"在古希腊,当富人成为巨富,并拒绝遵守规则、破坏政府体制时,雅典民主崩溃的丧钟就敲响了。今日之英美,也已到了岌岌可危的临界点。"

其次,多党制选举和轮流坐庄造成政策的不连续性,浪费了大量的社会财富和资源。在西方如果换领导人或换党,新的领导者必须等上数月就职后才能展开施政。在这个瞬息万变的全球化时代,这样长的"空窗期",代价是非常高的。由于不同政党代表不同的利益集团,每一个政党在执政期间的政策都优先考虑其所代表的利益集团的利益,当政党轮替时,原先很多政策都会被终止或者废除,造成大量的社会资源浪费。比如在欧洲,当英国、法国的左派和右派政党上台以后,国家发展政策会立即改变,要么实行大规模的国有化,要么实行大规模的私有化。在美国,偏左的民主党执政,一般就采取对富人征税、对财团开刀、对穷人补助的政策,像克林顿和奥巴马政府力推的"医疗保险改革"就是典型的案例;偏右的共和党执政,则采取对富人减税、扶持财团的立场,共和党的特朗普一上台就拿奥巴马政府提出的"医疗保险改革"开刀,每一次的政策摇摆都会对国民经济产生不同程度的损害。不仅对内政策处于不确定中,就是外交上也存在这种情况。在美国,小布什时代极力搞单边主义,到了奥巴马时代就积极主张多边主义,特朗普上台后又回到了单边主义,这种外交政策的摇摆也影响一个国家的信誉。

再次,三权分立导致效率低下,政体失灵。低效率一向被认为是民主制度的通病,因为任何一项决策都要经过不同利益集团的博弈,这样就降低了政府的效率。例如,美国政府经常上演的"关门风波",被称为政府"停摆"。克林顿政府时期就发生过类似的政府危机,奥巴马政府也未能幸免。美国财政部前部长劳伦斯·萨默斯指出,美国政府的"关门风波"充分"暴露了美国民主的失灵,是应当避免的坏榜样,而不是值得模仿的好榜样"。三权分立制度还导致西方国家难以推行大的改革,社会治理能力普遍大幅下滑:冰岛政府国家治理无方导致了国家破产;希腊和意大利的政府治理极其混乱,导致了深层经济、社会危机;比利时经历了500多天无中央政府的局面;欧盟内部解决实际问题的效率极低;美国如此庞大的金融体系弊病丛生,但金融危机到了爆发前夕,政府仍毫无察觉,结果给美国和世界带来了灾难,美国的综合国力也随之直线下降。

2.照搬照抄西方政治制度的恶果

长期以来,以美国为代表的西方国家自诩为普世价值的化身,在全世界推广自己的民主价值观。而今放眼世界,西方现代民主形态的合理性不但正在遭遇自身民主退化的制度困境,同时,还面临着"民主输出"的现实困境。20世纪90年代以来,在第三次民主化浪潮中,不少后发国家不顾自身国情与文化传统,简单照搬西方现代民主形态,有的虽然取得了一时的经济发展,但不久就陷入了内乱和分裂的泥潭而不能自拔,并在"现代民主烦恼"中苦苦挣扎。近年来,西亚、北非地区的一些国家在西方强权干预与制造的"颜色革命"中,被西方强权赋予了一个十分浪漫的名字——"阿拉伯之春"。然而,西亚、北非地区的国家并没有迎来民主的春天,反而陷入了持久的内乱之中,"阿拉伯之春"最终以"阿拉伯之冬"收场,最后受苦的是被西方强权民主化的国家和人民,所在国家社会动荡、民族分裂、经济倒退,人民群众的生活和安全得不到有效保障。

3.借鉴人类政治文明有益成果但绝不照搬

事实证明,西方民主制度并非一些政治家和学者们鼓吹的那样绚烂。民主是个好东西,但在不同历史时期、在不同的国家,有其不同的实现形式。马克思主义认为,民主是历史的、具体的,一个国家或民族要根据社会发展面临的主要任务和社会条件选择适合自己的民主形式。一个国家政治发展道路的选择,是这个国家的社会历史条件、政治经济状况、民族文化传统、外部国际环境等共同作用的结果。各国应根据本国的国情,选择适合自己的政治制度,"穿自己的鞋,走自己的路"。

具体到中国,也是同样的道理。设计和发展国家政治制度,必须注重历史和现实、理论和实践、形式和内容的有机统一。要坚持从国情出发、从实际出发,既要把握长期形成的历史传承,又要把握走过的发展道路、积累的政治经验、形成的政治原则,还要把握现实要求、着眼解决现实问题,不能割断历史,不能想象突然就搬来一座政治制度上的"飞来峰"。政治制度是用来调节政治关系、建立政治秩序、推动国家发展、维护国家稳定的,不可能脱离特定社会政治条件来抽象评判,不可能千篇一律、归于一尊。

"橘生淮南则为橘,生于淮北则为枳。"我们需要借鉴国外政治文明的有益成果,但绝不能放弃中国政治制度的根本。对丰富多彩的世界,我们应该秉持兼容并蓄的态度,虚心学习他人的好东西,在独立自主的立场上把他人的好东西加以消化吸收,化成我们自己的好东西,但决不能囫囵吞枣、邯郸学步。照抄照搬他国的政治制度行不通,会水土不服,会画虎不成反类犬,甚至会把国家前途命运葬送掉。只有扎根本国土壤、汲取充沛养分的制度,才最可靠,也最管用。

世界上不存在完全相同的政治制度,也不存在适用于一切国家的政治制度模式。"物之不齐,物之情也。"各国国情不同,每个国家的政治制度都是独特的,都是由这个国家的人民决定的,都是在这个国家历史传承、文化传统、经济社会发展的基础上长期发展、逐渐改进、内生性演化的结果。中国特色社会主义政治制度之所以行得通、有生命力、有效率,就是因为它是从中国的社会土壤中生长起来的。中国特色社会主义政治制度过去和现在一直生长在中国的社会土壤之中,未来要继续茁壮成长,也必须深深扎根于中国的社会土壤。

三、持续深化制度的改革与创新,凸显新时代中国特色社会主义制度自信的实践维度

习近平总书记《在庆祝全国人民代表大会成立 60 周年大会上的讲话》中指出:"制度自信不是自视清高、自我满足,更不是裹足不前、故步自封,而是要把坚定制度自信和不断改革创新统一起来,在坚持根本政治制度、基本政治制度的基础上,不断推进制度体系完善和发展。"[1]习近平总书记的重要讲话深刻阐明了要坚持制度自信就必须在实践中持续深化制度改革与创新,进一步凸显中国特色社

---

[1] 《习近平在庆祝全国人民代表大会成立 60 周年大会上的讲话》,《人民日报》2014 年 9 月 6 日。

会主义制度自信的实践维度。

恩格斯指出:"所谓'社会主义社会'不是一种一成不变的东西,而应当和任何其他社会制度一样,把它看成是经常变化和改革的社会。"①世界上任何一种社会制度都是处在不断发展和完善之中的,中国特色社会主义制度也一样,也需要不断发展和完善。只有不断坚持和完善中国特色社会主义制度,才能增强我们的制度自信。一方面,我们要看到,中国特色社会主义制度的建立,已经极大地解放了生产力,为中国社会的发展进步开辟了无限广阔的前景,促使中国特色社会主义各方面的事业展现出前所未有的蓬勃生机和活力,取得了举世瞩目的伟大成就。但是,另一方面,我们也要看到,中国特色社会主义制度与迅速发展的生产力之间仍然会出现新的矛盾,在社会生活的各个领域里仍然存在许多迫切需要解决的问题,这些矛盾和问题迫切需要通过坚持和完善中国特色社会主义制度去解决。

(一)完善和发展中国特色社会主义根本政治制度

1.坚持中国共产党的领导

人民代表大会制度是我国的根本政治制度,中国共产党的领导是中国特色社会主义最本质的特征,坚持中国共产党的领导是完善和发展我国根本政治制度的首要内容。我们必须坚持党总揽全局、协调各方的领导核心作用,通过人民代表大会制度,保证党的路线方针政策和决策部署在国家工作中得到全面贯彻和有效执行。同时,我们要支持和保证国家政权机关依照宪法和法律积极主动、独立负责、协调一致开展工作。在完善和发展人民代表大会制度的过程中,我们要不断加强和改善党的领导,善于使党的主张通过法定

① 《马克思恩格斯文集》(第 10 卷),人民出版社 2009 年版,第 588 页。

程序成为国家意志,善于使党组织推荐的人选通过法定程序成为国家政权机关的领导人员,善于通过国家政权机关实施党对国家和社会的领导,善于运用民主集中制原则维护党和国家权威,维护全党全国团结统一。

2.加强和改进立法工作

立法工作是人民代表大会的主要工作之一,完善和发展人民代表大会制度就必须加强和改进立法工作。"国无常强,无常弱。奉法者强则国强,奉法者弱则国弱。"经过长期努力,中国特色社会主义法律体系已经形成,我们国家和社会生活各方面总体上实现了有法可依。但是,形势在发展,时代在前进,法律体系必须随着时代和实践的发展而不断发展。我们要加强重要领域立法,确保国家发展、重大改革于法有据,把发展改革决策同立法决策更好地结合起来。要坚持问题导向,提高立法的针对性、及时性、系统性、可操作性,发挥立法的引领和推动作用。要抓住提高立法质量这个关键,深入推进科学立法、民主立法,完善立法体制和程序,努力使每一项立法都符合宪法精神,反映人民意愿,得到人民拥护。

3.加强和改进法律实施工作

法律的生命力在于实施,法律的权威也在于实施。"法令行则国治,法令弛则国乱。"各级国家行政机关、审判机关、检察机关是法律实施的重要主体,必须担负法律实施的法定职责,坚决纠正有法不依、执法不严、违法不究现象,坚决整治以权谋私、以权压法、徇私枉法问题,严禁侵犯群众合法权益。我们要全面落实依法治国基本方略,坚持法律面前人人平等,加快建设社会主义法治国家,不断推进科学立法、严格执法、公正司法、全民守法进程。要深入推进依法行政,加快建设法治政府。各级行政机关必须依法履行职责,坚持法定职责必须为、法无授权不可为,决不允许任何组织或者个人有超越法律的特权。要深入推进公正司法,深化司法体制改革,加快建设公正高效权威的司法制度,完善人权司法保障制度,严肃惩治司法腐败,让人民群众在每一个司法案件中都感觉到公平正义。

4.加强和改进监督工作

人民代表大会制度的重要原则和制度设计的基本要求,就是任何国家机关及其工作人员的权力都要受到监督和制约。各级人大及其常委会要担负起宪法和法律赋予的监督职责,维护国家法制统一、尊严、权威,加强对“一府两院”执法、司法工作的监督,确保法律法规得到有效实施,确保行政权、审判权、检察权得到正确行使。地方人大及其常委会要依法保证宪法和法律、行政法规和上级人大及其常委会决议在本行政区域内得到遵守和执行。要加强党纪监督、行政监察、审计监督、司法监督和国家机关内部各种形式的纪律监督。要拓宽人民监督权力的渠道,公民对于任何国家机关和国家工作人员有提出批评和建议的权利,对于任何国家机关和国家工作人员的违法失职行为,有向有关国家机关提出申诉、控告或检举的权利。要健全申诉控告检举机制,加强检察监督,切实做到有权必有责、用权受监督、侵权要赔偿、违法必追究。

5.加强同人大代表和人民群众的联系

人民代表大会制度之所以具有强大生命力和显著优越性,关键在于它深深植根于人民之中。各级国家机关加强同人大代表的联系、加强同人民群众的联系,是实行人民代表大会制度的内在要求,是人民对自己选举和委派代表的基本要求。各级国家机关及其工作人员一定要为人民用权、为人民履职、为人民服务,把加强同人大代表和人民群众的联系作为对人民负责、受人民监督的重要内容,虚心听取人大代表、人民群众的意见和建议,积极回应社会关切,自觉接受人民监督,认真改正工作中的缺点和错误。

（二）完善和发展中国特色社会主义基本经济制度

实行公有制为主体、多种所有制经济共同发展的基本经济制度，是中国特色社会主义制度的重要组成部分。完善和发展我国的基本经济制度，关键是要做到"两个毫不动摇"。即必须毫不动摇巩固和发展公有制经济，坚持公有制主体地位，发挥国有经济主导作用，不断增强国有经济活力、控制力、影响力；必须毫不动摇鼓励、支持、引导非公有制经济发展，激发非公有制经济活力和创造力。

坚持公有制为主体，发挥国有经济的主导作用，对于发挥社会主义制度的优越性，增强我国经济实力、国防实力和民族凝聚力，防止两极分化、实现共同富裕，推动社会发展、促进社会和谐，维护公平正义、保障国家安全，以及巩固和完善社会主义的政治制度和核心价值体系，都是至关重要的。在这个重大的原则问题上，我们必须保持坚定的战略定力，不能有丝毫的含糊动摇。如何完善和发展公有制经济？十八届三中全会已经做出了全面具体的部署，包括：积极发展混合所有制经济，允许国有资本、集体资本、非公有资本等交叉持股、相互融合；完善国有资产管理体制，以管资本为主加强国有资产监管，改革国有资本授权经营体制；推动国有企业完善现代企业制度；等等。

我国非公有制经济是改革开放以来在中国共产党的方针政策指引下发展起来的，是在中国共产党领导下开辟出来的一条道路。中共十五大把"公有制为主体、多种所有制经济共同发展"确立为我国的基本经济制度，明确提出"非公有制经济是我国社会主义市场经济的重要组成部分"。中共十六大提出"毫不动摇地巩固和发展公有制经济"，"毫不动摇地鼓励、支持和引导非公有制经济发展"。中共十九大进一步提出"必须坚持和完善我国社会主义基本经济制度和分配制度，毫不动摇巩固和发展公有制经济，毫不动摇鼓励、支持、引导非公有制经济发展，使市场在资源配置中起决定性作用，更好发挥政府作用"。中共十八届三中全会提出,公有制经济和非公有制经济都是社会主义市场经济的重要组成部分,都是我国经济社会发展的重要基础;公有制经济财产权不可侵犯,非公有制经济财产权同样不可侵犯;国家保护各种所有制经济产权和合法利益,坚持权利平等、机会平等、规则平等,废除对非公有制经济各种形式的不合理规定,消除各种隐性壁垒,激发非公有制经济活力和创造力。中共十八届四中全会提出要"健全以公平为核心原则的产权保护制度,加强对各种所有制经济组织和自然人财产权的保护,清理有违公平的法律法规条款"。中共十八届五中全会强调要"鼓励民营企业依法进入更多领域,引入非国有资本参与国有企业改革,更好激发非公有制经济活力和创造力"。这些重要政策安排说明,我们党在坚持基本经济制度上的观点是明确的、一贯的,而且是不断深化的,从来没有动摇。

改革开放以来,党和国家出台了一系列关于非公有制经济发展的政策措施。特别是中共十八大以来,随着全面深化改革不断推进,关于非公有制经济发展的政策措施更加完善。中共十八届三中、四中、五中全会推出了一系列扩大非公有制企业市场准入、平等发展的改革举措,主要有:鼓励非公有制企业参与国有企业改革,鼓励发展非公有资本控股的混合所有制企业,各类市场主体可依法平等进入负面清单之外领域,允许更多国有经济和其他所有制经济发展成为混合所有制经济,国有资本投资项目允许非国有资本参股,允许具备条件的民间资本依法发起设立中小型银行等金融机构,允许社会资本通过特许经营等方式参与城市基础设施投资和运营,等等。可以说,非公有制经济发展面临前所未有的良好政策环境和社会氛围。但是,由于一些原因,这些政策的配套措施还不是很完备,政策落地效果还不是很好,主要问题是:市场准入限制仍然较多;政策执行中"玻璃门""弹簧门""旋转门"现象大量存在;一些政府部门为民营企业办事效率仍然不高;民营企业特别是中小企业、小微企业融资渠道狭窄,民营企业资金链紧张;等等。对目前遇到的困难,有的民营企业家形容为遇到了"三座大山":市场的冰山、融资的高山、转型的火山。

尽管这些问题大多处在政策执行层面,是政策执行落实不到位形成的,但影响了政策的有效性,必须下决心解决。一方面要完善政策,增强政策含金量和可操作性;另一方面要加大政策落地力度,确保各项政策百分之百落到实处。政策不落实或落实不到位、落实走样等问题,主要是"最后一公里"问题。各地区、各部门要从实际出发,细化、量化政策措施,制定相关配套举措,推动各项政策落地、落细、落实,让民营企业真正从政策中增强获得感。

当前,要重点解决好以下问题:一是要着力解决中小企业融资难问题,健全完善金融体系,为中小企业融资提供可靠、高效、便捷的服务。二是要着力放开市场准入,凡是法律法规未明确禁入的行业和领域都应该鼓励民间资本进入,凡是我国政府已向外资开放或承诺开放的领域都应该向国内民间资本开放。三是要着力加快公共服务体系建设,为民营企业自主创新提供技术支持和专业化服务。四是要着力引导民营企业利用产权市场组合民间资本,开展跨地区、跨行业兼并重组,培育一批特色突出、市场竞争力强的大企业集团。五是要进一步清理、精简涉及民间投资管理的行政审批事项和涉企收费,规范中间环节、中介组织行为,减轻企业负担,降低企业成本。

(三)完善和发展中国特色社会主义基本政治制度

基本政治制度,包括中国共产党领导的多党合作和政治协商制度、民族区域自治制度和基层群众自治制度,在中国特色社会主义制度体系中发挥着基础性作用。中国共产党领导的多党合作和政治协商制度,是在中国共产党的领导下,各民主党派、各人民团体、各少数民族和社会各界的代表,对国家的大政方针以及政治、经济、文化和社会生活中的重要问题的决策和执行进行协商的制度。它是马克思主义政党理论与中国民主政治建设实际相结合的结果,是中国社会历史发展的必然选择,是对社会主义民主政治的创新。民族区域自治制度是在国家统一领导下,在各少数民族聚居的地方设立自治机关,管理少数民族和本地区内部事务的一项基本政治制度。它是中国共产党把马克思主义基本原理与中华民族和民族问题具体实际相结合的伟大创举,体现了国家坚持实行各民族平等、团结和共同繁荣的原则,符合各民族人民的共同利益和发展要求。基层群众自治制度是在城乡社区治理、基层公共事务和公益事业中实行群众自我管理、自我服务、自我教育、自我监督,是人民依法直接行使民主权利的重要方式。它是对我国社会管理体制的创新,是人民群众当家作主最直接、最有效、最广泛的途径。完善和发展中国特色社会主义基本政治制度主要工作包括以下几个方面:

1.大力发展社会主义协商民主

社会主义协商民主,是中国社会主义民主政治的特有形式和独特优势,是中国共产党的群众路线在政治领域的重要体现。它源自中华民族长期形成的天下为公、兼容并蓄、求同存异等优秀政治文化,源自近代以后中国政治发展的现实进程,源自中国共产党领导人民进行革命、建设、改革的长期实践,源自中华人民共和国成立后各党派、各团体、各民族、各阶层、各界人士在政治制度上共同实现的伟大创造,源自改革开放以来中国在政治体制上的不断创新,具有深厚的文化基础、理论基础、实践基础、制度基础。中国社会主义协商民主,既坚持了中国共产党的领导,又发挥了各方面的积极作用;既坚持了人民主体地位,又贯彻了民主集中制的领导制度和组织原则;既坚持了人民民主的原则,又贯彻了团结和谐的要求。所以说,中国社会主义协商民主丰富了民主的形式、拓展了民主的渠道、加深了民主的内涵。

社会主义协商民主具有独特优势,是现阶段我国民主政治建设的方向与重点。习近平总书记指出:"人民是否享有民主权利,要看人民是否在选举时有投票的权利,也要看人民在日常政治生活中是否有持续参与的权利;要看人民有没有进行民主选举的权利,也要看人民有没有进行民主决策、民主管理、民主监督的权利。""在中国社会主义制度下,有事好商量,众人的事情由众人商量,找到全社会意愿和要求的最大公约数,是人民民主的真谛。"发展社会主义协商民主,可以达成决策的最大共识,有效克服党派和利益集团为自己的利益相互竞争甚至相互倾轧的弊端;可以畅通利益诉求表达渠道,有效克服不同政治力量为了争取和维护自身利益固执己见、排斥异己的弊端;可以形成发现与改正失误和错误的机制,有效克服决策中情况不明、自以为是的弊端;可以形成人民群众参与各层次管理和治理的机制,有效克服人民群众在国家政治生活和社会治理中无法表达、难以参与的弊端;可以凝聚全社会推动改革发展的智慧和力量,有效克服各项政策和工作共识不高、难以落实的弊端。总之,协商民主有利于求同存异、增进共识。

社会主义协商民主,应该是实实在在的,而不是做样子的;应该是全方位的,而不是局限在某个方面的;应该是全国上上下下都要做的,而不是局限在某一级的。因此,必须构建程序合理、环节完整的社会主义协商民主体系,确保协商民主有制可依、有规可守、有章可循、有序可遵。协商就要真协商,真协商就要协商于决策之前和决策之中,根据各方面的意见、建议来决定和调整我们的决策和工作,从制度上保障协商成果落地,使我们的决策和工作更好地顺乎民意、合乎实际。要通过各种途径、各种渠道、各种方式就改革发展稳定重大问题,特别是事关人民群众切身利益的问题进行广泛协商,既尊重多数人的意愿,又照顾少数人的合理要求,广纳群言、广集民智,增进共识,增强合力。要拓宽中国共产党、人民代表大会、人民政府、人民政协、民主党派、人民团体、基层组织、企事业单位、社会组织、各类智库等的协商渠道,深入开展政治协商、立法协商、行政协商、民主协商、社会协商、基层协商等多种协商,建立健全提案、会议、座谈、论证、听证、公示、评估、咨询、网络等多种协商方式,不断提高协商民主的科学性和实效性。

2.坚持和完善民族区域自治制度

党和国家一贯坚定主张要坚持和完善民族区域自治制度。2005年,胡锦涛在中央民族工作会议暨国务院第四次全国民族团结进步表彰大会上的讲话明确指出:"民族区域自治制度,作为党解决我国民族问题的一条基本经验不容置疑,作为我国的一项基本政治制度不容动摇,作为我国社会主义的一大政治优势不容削弱。""三个不容"的政治主张,是基于对我国民族区域自治制度的深刻认识而带有指导性的重要论断,彰显出党和国家坚持和完善民族区域自治制度的决心和信心。2012年,党的十八大指出:"全面正确贯彻落实党的民族政策,坚持和完善民族区域自治制度,牢牢把握各民族共同团结奋斗、共同繁荣发展的主题,深入开展民族团结进步教育,加快民族地区发展,保障少数民族合法权益,巩固和发展平等团结互助和谐的社会主义民族关系,促进各民族和睦相处、和衷共济、和谐发展。"2014年,习近平总书记在中央民族工作会议上指出,"新中国成立65年来,党的民族理论和方针政策是正确的,中国特色解决民族问题的道路是正确的,我国民族关系总体是和谐的,我国民族工作做的是成功的",并强调,坚持和完善民族区域自治制度,是中国特色解决民族问题正确道路的重要内容和制度保障。总而言之,对待民族区域自治制度,要做到坚持和完善,决不动摇。

习近平总书记指出:"坚持和完善民族区域自治制度,要做到

'两个结合'。一是坚持统一和自治相结合,没有国家统一,就谈不上民族区域自治。二是坚持民族因素和区域因素相结合,民族区域自治,既包含民族因素,又包含区域因素。我国所有民族区域自治地方,都是党领导下的地方,都是中华人民共和国的地方,都是全国各族人民共同拥有的地方。"统一和自治的结合、民族因素和区域因素的结合,其整合力量主要来自党的领导。因此,习近平总书记强调,做好民族工作关键在党,中国共产党的领导是民族工作成功的根本保证,也是各民族大团结的根本保证。结合的真正基础是统一国家政权所拥有的强大的社会政治实力,而实现两个结合的前置目标是促进各民族共同团结进步、共同繁荣发展,最终实现中华民族伟大复兴。民族区域自治制度所涉及的政治关系不是简单的民族与国家之间的关系,坚持和完善民族区域自治制度的核心力量是中国共产党的领导,其基本的政治关系结构是执政的中国共产党、各民族人民与国家之间的关系。

同时,我们要进一步完善民族区域自治制度。一是完善《中华人民共和国民族区域自治法》(以下简称《民族区域自治法》)。《民族区域自治法》是解决我国民族问题的基本法律,应补强《民族区域自治法》的实施程序规定,硬化《民族区域自治法》中的"软法"色彩。虽然2001年修订的《民族区域自治法》在时代性、完整性问题上得到提升,但实施性不足的突出问题仍未解决。要对相关条款进行细化,在原则性内容基础上适当增加程序性规定和刚性条款;增加罚则,明确法律责任,使该法真正实现由软法向硬法的转化。配套立法要跟进,完善下位法,保证《民族区域自治法》实施。2005年《国务院实施〈中华人民共和国民族区域自治法〉若干规定》(以下简称《若干规定》)正式颁行,在一定程度上缓解了中央立法层面配套实施规则缺乏的问题,但仍有以下不足:《若干规定》全面性不够;对于一些重大问题的规制力度有待加强;仅体现中央立法的努力,而地方立法层面,尤其是民族区域自治地方针对《民族区域自治法》的配套立法建设滞后,无法形成立法上中央与地方的互动。二是完善经济与生态立法。贯彻创新、协调、开放、包容、共享五大发展理念,统筹推进经济、政治、文化、社会和生态文明建设,实现经济可持续发展和人口与资源、环境相协调。加强少数民族地区基础设施建设、发展特色经济和优势产业、搞好生态建设和环境保护、加大扶贫开发力度、资源开发和利用等方面的立法。三是重视吸纳少数民族习惯法。每一民族都有独特历史文化和风俗,构成民族内部的习惯法。民族习惯法是各民族成员间共同认可并遵守的准则和规章,具有乡土社会的地方性和极强的地域约束力,制约、影响少数民族各种活动。应根据少数民族风俗习惯与宗教信仰等确定立法项目。如许多少数民族有不同禁忌,在饮食方面可制定类似食品卫生管理条例的单行条例;根据民族医药特点可制定类似民族医药保护发展条例;根据自治区地貌名胜、文物遗迹、非物质文化遗产和自然资源等确定立法项目。四是完善民族区域自治制度监督检查机制。《民族区域自治法》和地方民族立法实施情况的监督检查,对于保障民族区域自治制度的落实具有十分重要的意义。目前,相应的有效执法监督检查机制尚未建立,当务之急是建立民族法治实施体系和监督体系,完善监督检查机制,对贯彻执行《民族区域自治法》及相关配套法规以及民族区域自治地方法规情况进行经常性的监督检查,维护民族法治的严肃性和权威性。

3.不断完善基层群众自治制度

基层群众自治制度是我国的一项基本政治制度,是我国社会主义民主政治发展的基础,是人民群众直接参与社会主义民主政治建设的主阵地和重要平台,是我国最直接、最广泛、最生动的社会主义民主实践,我们必须不断完善基层群众自治制度。

一是要坚持和完善党对基层群众自治的领导。党的领导是基层群众自治坚持正确方向的根本保证,在完善基层群众自治制度过程中,要始终坚持党的领导,把党的领导地位体现在民主程序、民主环节之中,把党的领导作用贯穿于基层群众自治各项工作之中。(1)保证党组织在民主选举中的领导。要提倡按照民主程序,将村(居)党组织负责人推选为村(居)民选举委员会主任,主持村(居)民选举委员会工作;提倡把村(居)党组织书记按照民主程序推选为村(居)委会成员候选人,通过选举兼任村(居)委会主任。(2)保证党组织在民主决策中的领导。提倡党员通过法定程序当选村(居)民小组长、村(居)民代表,直接组织、参与村(居)事务的民主决策,丰富和完善党领导的村级民主自治机制。(3)保证党组织在民主管理和民主监督中的领导。在制定和完善村(居)民自治章程、村规民约、村(居)民会议和村(居)民代表会议议事规则、财务管理制度等规章制度时,要确保村(居)党组织的提议权、领导权。村各项财务支出、集体资产经营管理等,要确保村党组织的知情权、审核权。民主评议村(居)干部、村(居)重大事务民主听证等活动,要保证村(居)党组织的主导权。健全基层党组织领导的充满活力的基层群众自治机制,是基层群众自治发展的不竭动力。

二是要更好地实现人民当家作主。人民当家作主是社会主义民主政治的本质要求,也是基层群众自治的核心和精髓。没有在法律法规范围内的充分民主,没有群众对基层社会公共事务和公益事业的管理权利,村(居)民自治就没有生机和活力。各级党组织要始终坚持村(居)民的主体地位,最广泛地动员和组织村(居)民开展民主实践活动,调动基层群众当家作主的积极性。要进一步扩大基层群众自治范围,丰富自治内容,拓宽参与渠道,不断提高基层群众自治的质量和水平。(1)坚持民主选举制度。完善村(居)民直接民主选举制度,规范选举程序。扩大居委会直接选举覆盖面,切实维护城乡居民群众的民主权利。(2)促进各项民主制度的协调发展、统筹推进。不断完善民主管理制度，修订完善社区公约、村（居）规民约、村（居）民自治章程，规范基层干部和城乡居民的行为。大力健全民主决策制度，规范议事决策程序，拓宽群众参与民主决策的渠道。涉及村（居）民切身利益的事情，必须通过村（居）民会议或村（居）民代表会议，由群众民主决策。进一步加强民主监督，全面推行党务公开、政务公开、村（居）务公开，积极开展村（居）干部勤廉双述、民主评议活动，切实加强对村（居）干部的监督管理。（3）尊重群众的首创精神，及时总结和推广有利于村（居）民当家作主的好经验，完善村（居）民当家作主的各项制度。要最广泛地动员和组织村（居）民开展基层民主实践，在实践中提高自我管理、自我教育、自我服务、自我监督的水平。（4）扩大群众自治范围。大力发展公益性、服务性、互助性社区社会组织，发挥其扩大群众参与、反映群众诉求方面的积极作用，增强社会自治功能。进一步明确基层人民政府和村（居）委会的职责划分，实现政府行政管理与基层群众自治的有效衔接、良性互动。积极探索基层群众自治制度与其他政治制度有效衔接、协调发展的方式和途径，把基层群众自治有机地融入社会主义民主政治建设的总进程。

三是要更好地坚持依法治国基本方略。依法治国是党领导人民治理国家的基本方略，也是基层群众自治的重要前提。要总结和运用基层群众自治的成功经验，始终坚持依法办事。（1）认真贯彻落实《中华人民共和国村民委员会组织法》，及时修订《中华人民共和国城市居民委员会组织法》。各地应根据新修订的《中华人民共和国村民委员会组织法》，修订村委会组织法实施办法、村委会选举办法、村务公开办法，不断完善地方性法规。加大基层群众自治政策创制力度，抓紧制定和完善保障人民群众在基层行使民主权利的法律法规和规章制度，努力做到依法建制、有制可依、按制办事，不断提高城乡社区的法治化管理水平。（2）加强法制宣传教育，增强广大基层干部群众的法治观念,不断提高他们依法依规管理社会事务、协调利益关系、开展群众工作、处理矛盾纠纷、维护社会稳定的本领。(3)坚持有法可依、有法必依、执法必严、违法必究,坚决查处破坏基层群众自治的各种行为。健全社区利益诉求表达和矛盾纠纷调处化解机制,引导群众以合法理性的方式表达利益诉求,维护自己的权利,促进基层群众自治事业健康有序发展。